少年家事法律诊所教程

主　编　张鸿巍　　副主编　张丽君

暨南大学出版社
JINAN UNIVERSITY PRESS

中国·广州

图书在版编目（CIP）数据

少年家事法律诊所教程/张鸿巍主编；张丽君副主编 . —广州：暨南大学
出版社，2023. 11
ISBN 978 - 7 - 5668 - 3790 - 5

Ⅰ.①少…　Ⅱ.①张…②张…　Ⅲ.①未成年人保护法—中国—教材
Ⅳ.①D922. 7

中国国家版本馆 CIP 数据核字（2023）第 200834 号

少年家事法律诊所教程
SHAONIAN JIASHI FALÜ ZHENSUO JIAOCHENG
主　编：张鸿巍　副主编：张丽君

出 版 人：阳　翼
责任编辑：付有明
责任校对：孙劭贤
责任印制：周一丹　郑玉婷

出版发行：暨南大学出版社（511443）
电　　话：总编室（8620）37332601
　　　　　营销部（8620）37332680　37332681　37332682　37332683
传　　真：（8620）37332660（办公室）　37332684（营销部）
网　　址：http://www. jnupress. com
排　　版：广州市新晨文化发展有限公司
印　　刷：广东信源文化科技有限公司
开　　本：787mm×1092mm　1/16
印　　张：10
字　　数：150 千
版　　次：2023 年 11 月第 1 版
印　　次：2023 年 11 月第 1 次
定　　价：39. 80 元

（暨大版图书如有印装质量问题，请与出版社总编室联系调换）

前　言

　　诊所法律教育（Clinical Legal Education）肇始 20 世纪 60 年代的美国。21 世纪初，诊所法律教育被我国引入并成为一种广为接受的法学教育模式。与"医院诊所培训医生"类似，诊所法律教育弥补了传统"照本宣科"教学方式之不足。诊所法律教育是指由法律诊所教师指导法科学生学习法学基础理论、参与真实案件的办案过程，实现书面知识在司法实践中具体运用的一种法学教育形式。在现实主义法学流派以及实证主义法学流派兴起过程中，因诊所法律教学方法具有以关注实践为教育视角、以问题解决为导向等实用主义特点，被现实主义学者所倡导与推崇，并逐渐成为主流法学教学方法。长期推动诊所法律教育的美国学者范原芳（Pamela N. Phan）甚至认为，"诊所模式似乎成了在美国以外的地方加强法律体系和法治的理想的解决方案"。

　　尽管诊所法律教育在我国起步较晚，但发展势头迅猛。一方面，法律诊所数量持续增长，从原来的 7 所高校引入设立，到目前百余所高校都设立了法律诊所。另一方面，诊所模式更加多元，从最初综合性法律诊所发展到如今不同领域和类型的法律诊所，并且各具特色，各担其能。即从原来以部门法学为主划分设立民事、刑事、行政法律诊所，到目前以社会问题与社会治理为驱动，设立了包括但不限于劳动权益诊所、未成年人越轨诊所、环境诊所、知识产权诊所、少年及家事诊所、公益诊所等。

　　暨南大学少年及家事法律诊所自设立以来就注重自身学科建设，依托暨南大学少年及家事法研究中心雄厚的师资力量，结合导师专长进行精细化学科搭配，在经验丰富的法律实务工作者的指导下，协助学生为维护社会弱势群体的合法权益提供有效的法律保障，实现了法学理论与司法实践的贯通融合。2020 年，暨南大学少年及家事法律诊所被中国法学教育研究会评为"全国特色法律诊所"。这项荣誉既是对暨南大学诊所法律教育的肯定，亦是对暨南大学少年及家事法律诊所的鞭策。

2018 年中国法学会法学教育研究会诊所法律教育专业委员会发布法律诊所课程质量标准，涵盖了课程开设标准、课程运行标准以及课程管理制度标准。作为我国第一个诊所法律教育课程指导规范，确立了课程标准，对于课程的开设运行具有重要意义，同时，对课程质量的提升具有积极的导向作用。作为一本专题性的诊所法律教育教材，本书既是对以暨南大学少年及家事法律诊所为样本的全景式课程介绍，又是对往期课程体例和内容的示范，能够在一定程度上概览少年及家事法律诊所的教育现状与发展动向。

本书在体例结构上分为八章，涵盖婚姻关系、父母与子女关系、继承关系以及与少年刑事相关的实体法和程序法制度。

本书的特点也较为突出：第一，贯穿法律实务的主要环节，其编排顺序大体遵循了法律业务的流程，既包括常见的律师日常业务，如咨询、会见、谈判、调解，又包括与诉讼密切相关的专业工作，如阅卷、法律援助、法庭调查与法庭辩论。第二，注重实体与程序密切结合，其内容的撰写采取了实体与程序相统一的方式，避免将两者割裂开来。第三，强调家事案件与少年案件处理过程中的理念与原则遵循，即在化解矛盾获得利益的同时，注重维系亲情以及良好家庭关系的更生、重建与稳固以及儿童利益最大化等诸多理念与原则。第四，设置专节进行情景模拟与角色扮演，引导学生自主探究性学习。此外，本书编写除涉及法律素养、法学理论、法律技能讲解外，还以实训的方式强化、拓展法律实务能力。

编者

2023 年 6 月

目　录
CONTENTS

绪　论

近十年来，我国法学教育愈加重视法科实践教学特别是诊所法律教育，并在部分高校进行了探索。暨南大学少年及家事法律诊所项目于2018年2月在珠海校区启动，该诊所法律教育依托暨南大学少年及家事法研究中心这个研究平台，及暨南大学珠海校区法律与政策实践中心大学生法律援助平台，探索少年及家事法律诊所课程，延伸以"少年"与"家事"为主题的专门诊所法律教育。经过5年来的探索，暨南大学少年及家事法律诊所教育在华南地区形成了一定的规模与影响。

随着课程教学的不断深入，我们在教学方式、教学内容等方面进行了深入改革，提炼出"六步法律思维教学"思想。在将该教学思想用于指导教学实践的过程中，逐渐形成了具有"暨南"特色的少年及家事法律实务，最终取得了"六步法律思维教学，引导少年家事法律实务塑成"的教学成果。可以说，因暨南大学少年及家事法律诊所之教育经验的不断积累，社会资源的持续接入，专门诊所法律教育得以逐步推动并促进遭遇困境的未成年人和妇女等弱势群体的合法权利在行政司法、儿童福利、医疗健康、教育安全等领域的保护。

第一节　少年及家事法律诊所课程全景考察

课程以"两性一度"作为设计总标准，教学内容的选择、教学方法的运用、教学过程的实施皆受此指引，具体细化为高阶性、创新性与挑战度三维度目标，设计具有不同要求、不同层次的教学目标。

一、暨南大学少年及家事法律诊所

暨南大学少年及家事法律诊所颇具特色，围绕"少年"和"家事"开设法律诊所课程已成功运行五年。少年及家事法律诊所在设立之初就秉持如下目的：增强律师执业技能（enhancing lawyering skills）、学习如何从经验中获益（learning how to learn from experience）、培养良好的律师判断能力（developing good lawyer judgment）及提供高质量的法律服务（delivering high quality legal services）。基于上述目的，法律诊所课程以真实、典型个案为依托并进行经验式授课，采取分组讨论、头脑风暴、角色扮演、模拟训练以及双向教学授课模式，实现了理论讲授与司法实践的交互进行。在师资配置方面，积极发挥校友资源，鼓励优秀校友（检察官、法官、律师等）将实务经验引入课堂。

"少年"和"家事"的专业化发展对暨南大学少年及家事法律诊所提出了更高的要求。除学习少年法（《刑法》《预防未成年人犯罪法》《未成年人保护法》等）与家事法（《民法典》等）的实体规范外，诊所还对程序法（《民事诉讼法》《刑事诉讼法》）进行讲授。在学习法律规范的基础上，诊所针对法科学生参与少年及家事案件的访谈技巧、案件规划、法律援助等方面进行训练。

二、法律诊所课程的运行流程

法律诊所课程运行的主要流程分为五个部分：

第一，精心设计相关主题教育。法律诊所课程以"少年"与"家事"为着力点，精心选择教学案例，设计教学环节，实施主题教学模式，并引进先进教学资源，设立教学研究基地。法律诊所课程已被列入教学大纲及教学计划，每学期以每周2节的课程量组织教学。在每次教学之前，校内指导教师以及外聘的司法实践部门人员都对所选择的案例进行研判，挖掘案例中突显的事实信息并将其列为教学重难点，以引导法科学生围绕重难点展开讨论与分析。

第二，积极建立校外导师机制。校外导师与诊所教师就教学提纲、授课内容、教学评价等内容进行广泛讨论与回应，采用开放式周记、多学科阅读等方式巩固每周所学。校外导师一方面整理法科学生所思、所想、所感与所惑，另一方面与诊所教师保持沟通以传达法科学生学习需求。建立校外导师机制，可以积极发挥诊所法律教育的实效性，特别是借助校外导师，可强化法科学生与实务部门诊所教师的沟通与交流。

第三，引导法科学生落实课前准备。校外导师在上课之前将有关案例提前告知学生，学生应在上课前预先查阅与本次授课主题相关的少年及家事法之法律条文与司法解释、法院判例、学术研究成果等内容。与此同时，在校外导师的指导下，法科学生根据诊所教师教学重难点与真实案例之具体内容进行小组讨论、研习。

第四，激发法科学生课堂讨论互动。在教学过程中，诊所教师于第一节课讲解理论知识与实践技巧、分析法律规定与制度背景，对理论、实践、政策、规范、现状等内容进行宏观分析，引导法科学生对"少年及家事"进行理性观察。从第二节课始，教学模式以真实、典型的少年或家事案件为内容，以分组讨论、提出质问、角色扮演、法庭模拟等方式，进行理论与实践的"对话"。

第五，科学布置法科学生的课后作业。课程以开放式周记为作业形式、以课堂教学为作业内容、以讨论互动为作业方向，鼓励学生在现有制度框架基础上，进行广泛的论证、辩思。

第二节　少年及家事法律诊所课程主要特点

暨南大学少年及家事法律诊所在教育理念、工作机制、教学内容、教学形式、讨论参与、课前准备、课堂教学及课后作业等方面有诸多鲜明特色。其特点主要表现为：

一、以课程思政统领诊所法律教育

依照党的十九届四中全会《决定》对"加强和改进学校思想政治教育，建立全员、全程、全方位育人体制机制"的明确要求，暨南大学少年及家事法律诊所课程以"课程承载思政"和"思政寓于课程"理念为导向，坚持以习近平法治思想为指导，围绕培养什么人、怎样培养人、为谁培养人这一根本问题，坚持少年家事法学专业知识传授与社会主义核心价值观教育同频共振，德法兼修，立德树人，增强法科学生的政治素养、职业道德和家国情怀，使其法律职业技能与思想品德相辅相成、相互促进。

二、以真实案例实现实战经验授课

为加强高校教学、学术探讨与社会服务的互动，暨南大学少年及家事法研究中心分别与广州市黄埔区人民法院、珠海市香洲区人民法院、中山市第一市区人民检察院等单位共建八个研究基地，以确保法律诊所教育案例的真实性、实战性。研究中心还打造教学理论与实践经验紧密结合的平台，聘请、引进法律实务精英和国际化人才，打造既有实践经验又富理论积淀的国际化师资队伍，授课教师皆取得博士学位，均具有法律实务经验。同时，研究中心亦聘请全国模范法官、广东省优秀公诉人、广东省律师协会未成年人保护专业委员会主任及副主任等实务专家兼任授课教师。

三、以六步教学推动法律思维养成

暨南大学少年及家事法律诊所课程的开设，以"两性一度"为建设标准，以"卓越法律人才培养计划"为学科指引，提升法科学生的专业理论涵养与实践能力，养成专业性的法学思维。基于"以研促教、以教促学"之教学理念，萃取十余年学术科研成果与法学本科教学经验，提炼出"六步法律思维教学"这一教学指导思想（详见表1），并将其贯穿课程教学全过程，逐节建构教学路线图及知识构成图。通过前章回顾、回复问题、教学内容、预习任务以及课后作业等诸多环节的设置，少年及家事法律诊所课程脉络更为清晰，体系更为完整，易于法科学生掌握和运用。以六步教学推动法律思维养成已被证明是科学的诊所法律教育模式。

表1　六步法律思维教学的具体内容

六步法	内容概要	具体内容
第一步	案例引入，启发激趣	分析案件事实，把握学习焦点
第二步	实证推理，强化逻辑	掌握推理方法，凸显价值考量
第三步	概念缕析，体系思维	夯实专业知识，综合理性评判
第四步	理论层释，紧扣法条	树立规范思维，强化法治意识
第五步	法律问诊，学而致用	作出法律解释，适用法律规则
第六步	总结升华，引发探讨	坚持问题导向，推动学术养成

四、以双向互动建构传道授业模式

双向互动的教学模式主要体现在两个方面：一是学生与老师之间的互动交流，二是内含式教学与外设式教学的互动与互补。暨南大学少年及家事法律诊所一改单向、被动教学模式，强调平等的师生关系、互动的教学模式。法律诊所教育以启发式教育为纲，以角色扮演、情景设置让学生熟悉案件诉讼过程，尤其重视剖析案件事实、分析相关证据等，并进一步引导学生在理论与实践的碰撞中提升法律实务能力。内含式教学是在法学院内部设立法律诊所，突出教学知识、角色训练等课堂内容，并引入法律实务工作者"走进来"作为授课老师。外设式教学是指让诊所学生"走出去"参与校外实践，情景式体验真实的法律运作。诊所或者实践中心设立于少年家事审判庭、家事律师事务所或者基层社区等校外场所。譬如，通过与当地法律实务单位合作，建立法科学生实习基地，并安排学生参加实践活动，使学生在真实的场景中熟悉审判、检察与律师工作并对此有切身感受。为了使双向互动教学真正发挥作用，必须注重理论教学与实务实践的合理分配及法律诊所内外活动灵活互补，从而真正实现法律诊所教育的魅力。

第三节　少年及家事法律诊所课程教学成效

暨南大学少年及家事法律诊所精心设计多元融合的课程体系，具有跨学科、实践性、选择性等特点，可以让法科学生形成多元知识构架，构建亮点纷呈、特色鲜明的法律诊所教育范式。

一、强化社会责任、培养职业道德

课程思政是暨南大学少年及家事法律诊所课程设立的基础，课程设计将思政教学目的和内容贯穿于课程的教学大纲、教学目标、课堂讨论、法律援助等各个方面，突出重点，注重实效，引导法科学生正确认识涉及少年及家事的社会现象，学会用马克思主义立场观点与习近平法治思想分析问题，提高法科学生对热点案例与司法舆情的自我控制和选择能力，把握社会生活的主流和支流、现象和本质，正确理解我国的法治建设进程，培养法科学生对中国特色社会主义法治道路的坚定信仰。在思政培养目标下，着重培养法科学生的社会责任感与职业道德感。"少年"及"家事"领域中的多数案件以未成年人、妇女、老人等社会弱势群体为当事人，诊所教育中，法科学生应在角色扮演中深刻领会当事人的处境、想法，继而强化社会责任、培养职业道德。少年及家事法律诊所将法学教学的重心延伸至实现社会正义，而不是在教育上拘泥于法律、法规等内容。

二、弥补教学不足、实现学科交叉

与传统诊所法律教育和其他专门诊所法律教育不同，少年及家事法律诊所的跨学科属性更强，涉及法学、心理学、犯罪学、社会学等诸多学科。在传统法学教学中，教学单位多以部门法、程序法及实体法次第展开，尽管课堂上时有针对案例的学术性分析，但对法科学生整体、全面分析、把握案件能力的培养不足，特别是涉及交叉学科内容。诊所法律教学有针对性地培养法科学生发现问题、分析问题及解决问题的能力，在弥补现有学科教学不足的过程中，将交叉学科知识的运用技巧传授给法科学生。简而言之，少年及家事法律诊所涉及交叉学科的复杂特性，使得其在课程设计、教师讲授、学生参与等方面与传统法学教育相比更注重跨学科知识的掌握。

三、提升专业素养、强化职业技能

传统法学教育时有理论与实践部分脱节，一定程度脱离社会现实和社会需求，然而诊所法律教育打破了这种固化模式，其以真实案例和实战情景为依托，以资深少年家事律师、少年家事检察官与少年家事法官等为授课教师。正如小奥利弗·霍姆斯（Oliver Holmes, Jr.）曾言："法律的生命不在于逻辑，而是经验。"在诊所法律教育中，真实、典型案例的分析涵盖了法律职业道德养成、律师会见、咨询谈判、调解和解、证据收集、文书撰写、法庭辩论等若干程序，故能全方位提高法科学生的相关法律技巧和综合运用能力。少年及家事法律诊所更加注重专业素养及职业技能的培养，使法科学生走出校园即能胜任工作。

四、打造六步教学、实现双向互动

暨南大学少年及家事法律诊所在教学方式方面的创新成效显著，这是通过创新的教育方式与内外环境互动实现的。创新的教育方式主要是指暨南大学少年及家事法研究中心根据少年家事法学的特征而探索出来的六步教学法，即前文提及的案例引入，启发激趣；实证推理，强化逻辑；概念缕析，体系思维；理论层释，紧扣法条；法律问诊，学而致用；总结升华，引发探讨。

在六步教育法基础上，少年及家事法律诊所不仅重视课前、课中及课后的课堂教学系列活动，还注重以双向互动的方式检视学生的学习效果。一方面，法科学生以案件当事人的身份置于案件中，进行自主探究式学习，并与教师、其他当事人、司法机关形成良性互动；另一方面，让学生以"走出去"的方式体验真实的法律环境，并在实践活动中检视其对法律知识、法律思维、法律伦理、法律技能等方面的掌握程度，最终全面提升学习效果。

五、教研成果凸显、提升教学实效

随着项目的启动，少年及家事法律诊所的教学成果逐渐丰硕，并推动教学实效提升。2018 年 1 月，本项目以《诊所式法律教育人才培养机制建设与改革——以少年家事诊所运行为视角》为题，获得广东省本科高校高等教育教学改革项目立项。2019 年 3 月，项目获得暨南大学教育教学成果奖培育项目立项。2020 年 10 月，本项目以《未成年人法学教学团队》获得暨南大学本科教学团队立项。相关课程《未成年人法学》被评为"广东省一流课程"，《青少年犯罪与未成年人司法》被评为"暨南大学一流研究生课程"。相关教育成果《六步法律思维教学，引导少年家事法律实务塑成》获得 2021 年度暨南大学本科教学优秀成果一等奖。2020 年，负责人张鸿巍教授被司法部评为"全国法律援助先进个人"，2010 年及 2020 年先后被中国法学教学研究会评为"优秀诊所课程教师"。在此期间，张鸿巍教授分别获得广东省第五届高校青年教师教学大赛二等奖和暨南大学本科教学校长奖。

第 ❶ 章 法律职业道德

第一节 法律职业道德概述

一、法律职业道德的概念

法律职业道德是指以法官、检察官、律师、法学家为核心的法律职业从业人员在其职务活动与社会中所应遵循的行为规范的总和。[①] 法律职业道德、职业道德及道德间的关系密切。道德所涉范围最广，包括职业道德；法律职业道德所涉范围最窄，是一种特殊的职业道德，但又不同于一般的职业道德。法律职业道德是法律职业的基本构成要素之一，而法律职业在现代法治社会的存续和发展必须具备四个要件：法律知识和技能；法律职业精神；法律职业的自我管理机制；良好的社会地位。[②] 因此，以培养法律职业人才为教育使命的诊所法律教育研究必须重视法律职业道德研究。

二、法律职业道德的渊源

法律职业道德的渊源是指法律职业道德的表现形式。从形式上看，法律职业道德渊源主要包括以下几个方面：

第一，法律。法律和道德常常是相互作用、相互补充的关系，都是调整人们行为的规范。《律师法》《法官法》《检察官法》均规定了法律职业

---

① 李本森主编：《法律职业道德》，中国政法大学出版社 2004 年版，第 6 页。
② 张志铭：《法理思考的印迹》，中国政法大学出版社 2003 年版，第 398 页。

道德。① 此外，《刑事诉讼法》《民事诉讼法》《行政诉讼法》等诸多程序法中也对此作出了相应规定。可见，国家颁行的法律是法律职业道德规范的一个重要渊源。

第二，行政法规及部门规章。这一类规范主要集中在国务院及其组成部门颁布的法律文件中。如司法部颁布的《律师和律师事务所违法行为处罚办法》对律师执业中应当遵守的职业道德规范作了相应的规定。国务院颁布的《公证暂行条例》对公证员应当遵守的职业道德规范作了重要规定。

第三，司法解释。司法解释是法律法规的重要补充，是法律职业者执业实践的重要规则渊源。其中主要涉及法官、检察官的职业道德，同时也囊括律师、警察等其他法律职业人员的职业道德。在《最高人民法院关于适用〈中华人民共和国刑事诉讼法〉的解释》中，涉及大量的法官、检察官、律师职业道德的内容，如涉及回避、辩护、审判中立的诸多规定。

第四，行业规范。从实然的角度来看，行业规定虽然不属于法律规范，但对本行业的法律职业人员具有约束力。如《法官职业道德基本准则》《检察官职业道德规范》《律师职业道德和执业纪律规范》《律师执业行为规范》《公证员职业道德基本准则》等。这些行业规范一般能比较集中地反映法律职业的道德规范要求。

第五，道德规范。职业道德规范的渊源除了法律和有关法律职业的伦理规范外，还包括一般的社会伦理道德。一般来说，普遍性的社会道德原则与法律职业道德间存在着一般与特殊、抽象与具体的关系，对法律职业道德有补充、指导作用。例如，党的十四届六中全会通过的《中共中央关于加强社会主义精神文明建设若干重要问题的决议》，以及中共中央、国务院颁布的《新时代公民道德建设实施纲要》。

第六，国际公约。在我国已签署或参加的国际公约中，包含有诸多对法律职业者的道德要求，这方面主要集中在联合国国际人权公约，特别是有关刑事法律方面的法律文件中，比如《执法人员行为守则》《有关检察

---

① 《法官法》第 3 条规定："法官必须忠实执行宪法和法律，维护社会公平正义，全心全意为人民服务。"《检察官法》第 4 条规定："检察官应当勤勉尽责，清正廉明，恪守职业道德。"《律师法》第 3 条第 1 款规定："律师执业必须遵守宪法和法律，恪守律师职业道德和执业纪律。"

官作用的基本准则》《关于律师作用的基本准则》等。由于这些公约是我国司法制度的重要法律渊源，其中有关法律职业者职业道德规范的内容也构成了我国法律职业者的职业道德规范。[①]

三、法律职业道德规范的意义

法律职业道德涉及的是法律职业活动中人与人的关系，即法官、律师和当事人等不同角色的伦理关系。[②] 法律职业道德规范的意义主要体现在以下几个方面：

首先，法律职业道德规范具有评价作用。法律职业道德规范的评价作用是指法律职业道德规范作为人们对法律职业人员行为的评价标准所起的作用，其作用的对象是法律职业人员的行为。法律职业道德规范为社会公众、法律职业人员、行业协会、司法行政机构等各方主体对法律职业人员的行为进行评价提供了具体、客观的标准。

其次，法律职业道德规范具有指引作用。法律职业道德规范的指引作用是指法律职业道德规范通过规定法律职业人员的权利和义务，以及违反规定应该承担的责任来调整法律职业人员的个体行为，保障从业人员履行职业义务和承担责任，督促他们圆满完成本职工作。

再次，法律职业道德规范具有强制作用。法律职业道德规范的强制作用是指法律职业道德规范对于不当职业行为的威慑、惩罚或制裁作用。在我国，法律专业人员的行为不仅受到司法机关的评判，还会受到行业协会的监督，这体现了法律职业道德的强制性作用。

最后，法律职业道德规范具有教育作用。法律职业道德规范的教育作用是指法律职业道德规范对法律职业人员的价值取向产生的积极影响。法律职业道德的确立有利于培养法律执业人员诚实信用、爱憎分明的职业良心，强调其职业活动的勤勉、谨慎、清正廉洁。

---

① 王新清主编：《法律职业道德》，法律出版社 2016 年版，第 6 页。

② 房绍坤、房文翠：《法学教育对法律职业道德意义的探讨》，载《中国大学教学》，2004 年第 10 期。

第二节　法官职业道德

一、法官职业道德概述

法官是依照法律规定的程序产生，在司法机关中依法行使国家审判权的审判人员，是司法权的执行者。《法官法》第 2 条规定："法官是依法行使国家审判权的审判人员，包括最高人民法院、地方各级人民法院和军事法院等专门人民法院的院长、副院长、审判委员会委员、庭长、副庭长和审判员。"因此，培养法官的职业道德是实现司法公正的重中之重。

（一）法官职业道德规范概况

法官职业道德是伴随着法官职业的形成、发展与社会需要而产生的一种特殊的社会意识形态和行为准则。我国对于法官职业道德规范已有不少规定，主要包括《法官法》《法官行为规范》以及《法官职业道德基本准则》。

第一，《法官法》。1995 年 2 月 28 日，全国人民代表大会常务委员会审议通过了《法官法》，同年 7 月 1 日起施行，其后分别于 2001 年、2017 年、2019 年进行了修正。该法共 8 章 69 条，对法官制度作了比较全面的规定，开启了我国法官的职业化进程。《法官法》目前是我国法官制度的基本法，也是我国法官职业道德规范的重要组成部分。在《法官法》中，与法官职业道德密切相关的条文包括第一章"总则"、第二章"法官的职责、义务和权利"、第六章"法官的考核、奖励和惩戒"等。

第二，《法官行为规范》。由最高人民法院 2005 年 11 月 4 日发布试行，2010 年 12 月 6 日修订后发布正式施行。相比于《法官法》，《法官行为规范》更加具体，系统全面、客观公正、便于操作，为进一步规范法官基本行为，树立良好的司法职业形象提供了基本依循。

第三，《法官职业道德基本准则》。由最高人民法院 2001 年 10 月 18 日发布，2010 年 12 月 6 日修订后重新发布。从《法官职业道德基本准则》的内容来看，其大体上是对《法官行为规范》第一章"一般规定"的具体化。《法官行为规范》重点体现了法官职业道德的规范性，而《法官职业道德基本准则》则主要体现了法官职业道德的道德性。

（二）法官职业道德的内容

法官职业道德规范并不具有强制约束力，但影响深远。《法官法》第10 条对法官的职业道德作出了最基本的要求，具体为：法官应当履行下列义务：（一）严格遵守宪法和法律；（二）秉公办案，不得徇私枉法；（三）依法保障当事人和其他诉讼参与人的诉讼权利；（四）维护国家利益、社会公共利益，维护个人和组织的合法权益；（五）保守国家秘密和审判工作秘密，对履行职责中知悉的商业秘密和个人隐私予以保密；（六）依法接受法律监督和人民群众监督；（七）通过依法办理案件以案释法，增强全民法治观念，推进法治社会建设；（八）法律规定的其他义务。结合现行的《法官法》《法官行为规范》和《法官职业道德基本准则》，法官的职业道德主要包括公正义务、清正廉洁义务以及法庭外义务等。公正是法官必须遵守的基本准则，是法官职业道德的第一准则。它要求法官独立行使审判权，中立裁决纠纷，恪守公开原则，坚守司法公正。廉洁义务要求法官应树立正确的权力观、地位观、利益观，不获取不正当利益，保持正当的生活方式。

法官职业道德除了约束法官在法庭上的行为，还进一步要求法官在法庭外尽可能谨言慎行、保守秘密，避免不当或被认为不当的行为，从而维护法官廉洁、正直之形象。[①]

---

① 许身健：《法律职业伦理：原理与案例》，北京大学出版社 2020 年版，第 386 - 387 页。

二、法官职业道德的培养

（一）法官职业道德的综合培养

法官对职业道德的严格遵守与法官队伍素质和国家法治化建设水平息息相关。对法官的职业道德培训，可以从以下几个方面入手：

首先，培养法官树立正确的世界观、人生观和价值观。正确的世界观、人生观、价值观能使法官不为他人的意愿所左右，不受各种利益的诱惑，客观地应对每一个案件。

其次，培养法官的忠诚意识。政治立场坚定、政治素质过硬的法官队伍是中国法治建设的重要保障。法官要坚持执法为民的理想，深刻地理解党和国家的司法政策，努力履行好人民法官的光荣职责。

最后，培养法官规范得体的形象。一方面，法官要坚定对法律的信仰，遵守庭审司法礼仪，言行得体，不断培育法治精神，增强依法履职的觉悟；另一方面，要重视对法官在业外活动中的职业行为的规制，以及相关职业道德教育，避免其业外的活动损害公众对司法的信心。① 同时要不断健全各种监督考核评估、责任追究等制度。

（二）法官职业道德的自我修养

依据《法官法》等相关法律对法官的要求，以下四个方面是法官加强自我修养的重点：

第一，加强政治素质的培养。合格的法官应该具有过硬的政治素质和坚定的政治立场，同时还要有强烈的政治意识。②

第二，加强业务素质的培养。教育是提高法官素质的一个主要途径，我们应坚持以科学的理论为指导，理论联系实际，加强实务能力教育，提高法官的综合素质。

---

① 王进喜：《法律职业伦理》，中国人民大学出版社 2021 年版，第 284 - 289 页。

② 王晨光：《法官职业化和法官职业道德建设》，载《江苏社会科学》，2007 年第 1 期。

第三，加强良好个人品行的培养。法官应强化自我修养，培养良好的个人品行。

第四，法官应该注意自身形象和自己的言论，要时刻注意端正自己的行为。在履职过程中，法官要不做违反法律职业道德、有损司法权威的行为。①

第三节 检察官职业道德

一、检察官职业道德概述

《检察官法》第 2 条规定，"检察官是依法行使国家检察权的检察人员，包括最高人民检察院、地方各级人民检察院和军事检察院等专门人民检察院的检察长、副检察长、检察委员会委员和检察员"。第 3 条规定，"检察官必须忠实执行宪法和法律，维护社会公平正义，全心全意为人民服务"。检察官的职业道德直接关系到案件的公平正义的实现。为规范检察官的职业行为，最高人民检察院先后制定了《检察官职业行为基本规范（试行）》和《检察官职业道德基本准则》，为检察官的职业内外活动提供了基本准则。

（一）检察官职业道德规范

除《宪法》《刑事诉讼法》《民事诉讼法》等法律外，关于检察官职业道德的规范还体现在《检察官法》《检察官职业行为基本规范（试行）》以及《检察官职业道德基本准则》中。

第一，《检察官法》。作为检察官职业道德规范的基本组成部分，该法有利于全面推进高素质检察官队伍建设，对检察官进行有效的管理和监督，维护检察官合法权益，保障人民检察院依法独立行使检察权，依法履行职责，保障司法公正。在《检察官法》中，与检察官职业道德密切相关的条文包括第一章"总则"、第二章"检察官的职责、义务和权利"、第六

---

① 许身健：《法律职业伦理：原理与案例》，北京大学出版社 2020 年版，第 386－387 页。

章"检察官的考核、奖励和惩戒"等。

第二,《检察官职业行为基本规范(试行)》。2010年10月9日由最高人民检察院发布,其目的是为规范检察官职业行为,保障和促进检察官严格、公正、文明、廉洁执法。由此可见,《检察官职业行为基本规范(试行)》确立了"忠诚、公正、清廉、文明"四项基本要求,这是检察官应当遵守的基本行为准则,也是新时期开展检察官职业道德建设的纲领。

第三,《检察官职业道德基本准则》。2016年,最高人民检察院发布了《检察官职业道德基本准则》,同时废止了于2009年9月发布的《检察官职业道德基本准则(试行)》。检察官职业道德基本准则包括下列内容:(1)坚持忠诚品格,永葆政治本色;(2)坚持为民宗旨,保证人民权益;(3)坚持担当精神,强化法律监督;(4)坚持公正理念,维护法制统一;(5)坚持廉洁操守,自觉接受监督。这是一部坚持正面倡导、面向全体检察官的职业道德规范。但总体上看,这些规定缺乏细化的行为禁止规范。①

(二)检察官职业道德的内容

检察官职业道德并不都具有法律上的强制约束力,其中有一些礼仪性的道德规范只能起道德规劝的作用,但整个检察官职业道德却是法治文明建设的重要内容。从法律规定视角看,可以从《检察官法》(2019年修订)关于检察官应当履行的义务角度看检察官的职业道德要求。该法第10条规定,检察官应当履行以下义务:(一)严格遵守宪法和法律;(二)秉公办案,不得徇私枉法;(三)依法保障当事人和其他诉讼参与人的诉讼权利;(四)维护国家利益、社会公共利益,维护个人和组织的合法权益;(五)保守国家秘密和检察工作秘密,对履行职责中知悉的商业秘密和个人隐私予以保密;(六)依法接受法律监督和人民群众监督;(七)通过依法办理案件以案释法,增强全民法治观念,推进法治社会建设;(八)法律规定的其他义务。

---

① 葛琳:《检察官惩戒委员会的职能定位及其实现——兼论国家监察体制改革背景下司法责任追究的独立性》,载《法学评论》,2018年第2期。

二、检察官职业道德的培养

（一）检察官职业道德的综合培养

检察官队伍是中国法治建设的重要力量，检察官个人素质的高低直接关系到司法办案的质量。因此，应有意识、有方向地加强对检察官职业道德的培训和监督。在检察官的职业道德方面，需要从以下方面着手加强：

首先，培养检察官的忠诚意识。政治立场坚定、政治素质过硬的检察官队伍同样是中国法治建设成功的重要保障。

其次，培养检察官树立正确的世界观、人生观和价值观。正确的世界观、人生观、价值观能帮助检察官正确地对待不同的价值选择，能够在检察工作中，不为人情、金钱、权势、美色等利益所动，争取在办案中能够实现良好的社会效果和法律效果的统一。

最后，培养检察官规范得体的形象。检察官应该严格执行检察工作中的各种礼仪规范，严格遵守职业礼仪，做到仪容端正，举止大方，态度公正，用语文明，保持职业道德和行为举止，维护检察官的良好形象。

（二）检察官职业道德的自我修养

检察官职业道德的自我修养，指的是检察官在司法实践活动中以积极的姿态，不断地自我学习，自我反思，自我教育，最终在个人品质和业务能力上不断进步的过程。依据《检察官法》等相关法律对检察官的要求，以下三个方面是检察官加强自我修养的重点：

首先，加强政治素养的培养。强烈的政治意识、足够的政治敏锐性是必需的。在办理案件的过程中，检察官应牢记自己是人民的检察官，既要保障公平正义，维护司法尊严，也要心系人民。

其次，加强业务素质的培养。塑造检察官职业法治思维，培养人权保护、程序正义等观念。[①]

---

① 汤沐天：《浅谈检察官职业伦理》，载《司法警官职业教育研究》，2020 年第 1 期。

最后，加强个人品行的培养。除了国家、社会通过各种形式提升检察官的个人修养，检察官应该注意自身形象和自己的言论，要时刻注意端正自己的行为。作为国家的公职人员，检察官要在业内和业外活动中注意自己的行为，不得作出违反检察官职业道德、有损司法权威和尊严的行为。

第四节　律师职业道德

一、律师职业道德概述

律师作为一种重要的法律服务职业，肩负维护法律正义和当事人利益的任务，对国家和社会民主健全和法律完备具有重要的象征意义。所谓律师职业道德，是指作为律师业务从业人员，在执行律师职务、履行律师职责的过程中所应遵守的道德规范的总称。[①] 律师具有高度专业性，其职业道德与职业、职业道德的基本理论紧密相连。

（一）律师职业道德规范

改革开放之后，真正意义上的中国当代律师制度才逐渐得以形成，《律师法》和《律师职业道德和执业纪律规范》的颁布实施标志着中国律师走上职业化发展道路。[②]

第一，《律师法》。1980 年 8 月 26 日，全国人民代表大会常务委员会制定了《律师暂行条例》。1996 年 5 月 15 日，全国人民代表大会常务委员会制定了《律师法》，并先后于 2001 年、2007 年、2012 年、2017 年进行了修正。《律师法》是律师职业道德的基础性规范，它为司法行政机关制定律师职业管理规范提供了依据，同时也为律师协会制定律师职业行业规范提供了依据。《律师法》第四章"律师的业务和权利、义务"则与律师的职业行为密切相关，是对律师职业行为的具体指引，体现了极强的律师

---

① 王新清主编：《法律职业道德》，法律出版社 2016 年版，第 175 页。
② 张勇：《律师职业道德》，法律出版社 2015 年版，第 38 页。

职业道德规范的特质。

第二，《律师执业管理办法》。2008 年 7 月 18 日，司法部发布了《律师执业管理办法》，并于 2016 年进行了修订。司法行政机关以《律师执业管理办法》作为律师职业管理的具体指导与依据，其也成为律师职业道德规范的组成部分之一。《律师执业管理办法》是对《律师法》的具体细化，其中第四章"律师执业行为规范"对律师的职业行为提出了明确的要求，第五章"司法行政机关的监督管理"则主要规定了司法行政机关对律师的行政处罚权限及程序。

第三，《律师执业行为规范（试行）》。2004 年 3 月 20 日，中华全国律师协会制定了《律师执业行为规范（试行）》，并分别于 2009 年、2017 年进行了修订，最终修订实施了《律师执业行为规范（试行）》。《律师执业行为规范（试行）》目前是律师职业最为重要的职业道德规范。《律师执业行为规范（试行）》是律师协会为律师的职业行为提供的具体指引，在第二章"律师执业基本行为规范"中对律师职业的一些基本价值取向、理想追求等带有强烈的道德性的内容进行了规定。此外，中华全国律师协会还制定了一些其他规范，如《律师协会会员违规行为处分规则（试行）》《律师职业道德和执业纪律规范》等，这些都是对《律师执业行为规范（试行）》的重要补充，它们共同构成了律师职业道德规范的组成部分。

第四，《律师职业道德基本准则》。基于司法部发布的《关于进一步加强律师职业道德建设的意见》，中华全国律师协会于 2014 年 6 月制定了《律师职业道德基本准则》。该准则具有很强的概括性与抽象性，主要表现为一种律师职业道德的道德性。

（二）律师职业道德的内容

第一，坚定信念。根据《律师职业道德基本准则》第 1 条规定："律师应当坚定中国特色社会主义理想信念，坚持中国特色社会主义律师制度的本质属性，拥护党的领导，拥护社会主义制度，自觉维护宪法和法律尊严。"

第二，执业为民。根据《律师职业道德基本准则》第 2 条规定："律师应当始终把执业为民作为根本宗旨，全心全意为人民群众服务，通过执业活动努力维护人民群众的根本利益，维护公民、法人和其他组织的合法权益。认真履行法律援助义务，积极参加社会公益活动，自觉承担社会责任。"

第三，维护法治。根据《律师职业道德基本准则》第 3 条规定："律师应当坚定法治信仰，牢固树立法治意识，模范遵守宪法和法律，切实维护宪法和法律尊严。在执业中坚持以事实为根据，以法律为准绳，严格依法履责，尊重司法权威，遵守诉讼规则和法庭纪律，与司法人员建立良性互动关系，维护法律正确实施，促进司法公正。"

第四，追求正义。根据《律师职业道德基本准则》第 4 条规定："律师应当把维护公平正义作为核心价值追求，为当事人提供勤勉尽责、优质高效的法律服务，努力维护当事人合法权益。引导当事人依法理性维权，维护社会大局稳定。依法充分履行辩护或代理职责，促进案件依法、公正解决。"

第五，诚实守信。根据《律师职业道德基本准则》第 5 条规定："律师应当牢固树立诚信意识，自觉遵守执业行为规范，在执业中恪尽职守、诚实守信、勤勉尽责、严格自律。积极履行合同约定义务和法定义务，维护委托人合法权益，保守在执业活动中知悉的国家机密、商业秘密和个人隐私。"

第六，勤勉尽责。根据《律师职业道德基本准则》第 6 条规定："律师应当热爱律师职业，珍惜律师荣誉，树立正确的执业理念，不断提高专业素质和执业水平，注重陶冶个人品行和道德情操，忠于职守，爱岗敬业，尊重同行，维护律师的个人声誉和律师行业形象。"

二、律师执业行为规则

（一）律师业务推广规则

经历、经验、业务特长以及良好的职业道德是律师吸引潜在委托人的内在因素。除此之外，律师还可以通过正当的方式推广业务，但律师和律师事务所的业务推广也需遵守特定的推广规范。律师和律师事务所就律师业务的推广，应当遵守平等、公平及诚信原则，遵守公认的律师行业准则，遵守律师职业道德和执业纪律。律师和律师事务所律师业务的推广应当是基于自身综合素质的不断提高、法律服务质量的不断提升以及自身业务竞争能力的不断增强而开展的。①

2018 年《律师业务推广行为规则（试行）》第 2 条明确规定本规则所称律师业务推广是指律师、律师事务所为扩大影响、承揽业务、树立品牌，自行或授权他人向社会公众发布法律服务信息的行为。同时，它进一步规定了律师业务推广主要包括以下方式：（一）发布律师个人广告、律师事务所广告；（二）建立、注册和使用网站、博客、微信公众号、短视频等互联网媒介；（三）印制和使用名片、宣传册等具有业务推广性质的书面资料或视听资料；（四）出版书籍、发表文章；（五）举办、参加、资助会议、评比、评选活动；（六）其他可传达至社会公众的业务推广方式。

因此，律师业务推广主体是律师和律师事务所。全国律师协会 2017 修订的《律师执业行为规范（试行）》第 18 条规定，律师和律师事务所可以依法以广告方式宣传律师和律师事务所以及自己的业务领域和专业特长。该规范同时规定了对于发布广告的限制情形，第 27 条规定，具有下列情况之一的，律师和律师事务所不得发布律师广告：第一，没有通过年度考核的；第二，处于停止执业或停业整顿处罚期间的；第三，受到通报批评、公开谴责未满 1 年的。

关于律师业务推广的方式，《律师执业行为规范（试行）》第 17 条至21 条作出以下规定：（一）律师和律师事务所应当通过提高自身综合素质、提高法律服务质量、加强自身业务竞争能力的途径，开展、推广律师业务；（二）律师和律师事务所可以依法以广告方式宣传律师和律师事务所以及自己的业务领域和专业特长；（三）律师和律师事务所可以通过发表学术论文、案例分析、专题解答、授课、普及法律等活动，宣传自己的专

---

① 王新清主编：《法律职业道德》，法律出版社 2016 年版，第 183 – 184 页。

业领域；（四）律师和律师事务所可以通过举办或者参加各种形式的专题、专业研讨会，宣传自己的专业特长；（五）律师可以以自己或者其任职的律师事务所名义参加各种社会公益活动。

《律师执业行为规范（试行）》第30条至34条规定了律师宣传的禁止性规则：（一）不得以有悖律师使命、有损律师形象的方式制作广告，不得采用一般商业广告的艺术夸张手段制作广告；（二）不得出现违反所属律师协会有关律师广告管理规定的内容；（三）不得进行歪曲事实和法律，或者可能使公众对律师产生不合理期望的宣传；（四）不得自我声明或者暗示其被公认或者证明为某一专业领域的权威或专家；（五）不得进行律师之间或者律师事务所之间的比较宣传。

（二）律师与当事人的委托关系规则

律师和委托人的关系存在于律师执业的全过程，正确处理律师与委托人之间的关系是律师顺利从事执业活动的基础和关键。因此，律师与当事人之间的委托关系是律师职业道德规范的核心内容之一。委托代理关系形式上是一种合同关系，其成立来自当事人的委托，由委托人和律师事务所签订委托代理合同。同时，委托代理关系还可以基于有关机构的指定形成。《律师法》第42条规定："律师、律师事务所应当按照国家规定履行法律援助义务，为受援人提供符合标准的法律服务，维护受援人的合法权益。"

1. 律师接受委托的基本要求

《律师执业行为规范（试行）》第36条至40条规定，委托代理关系建立后，律师应当履行以下委托代理的基本要求：（一）律师应当充分运用自己的专业知识，依据法律和委托协议完成委托事项，维护委托人或者当事人的合法利益；（二）律师与所任职律师事务所有权根据法律规定、公平正义及律师职业道德标准，选择实现委托人或者当事人目的的方案；（三）律师应当严格按照法律规定的期间、时效以及与委托人约定的时间办理委托事项。对委托人了解委托事项办理情况的要求，应当及时给予答复；（四）律师应当建立律师业务档案，保存完整的工作记录；（五）律师应谨慎保管委托人或当事人提供的证据原件、原物、音像资料底版以及其他材料。

2. 律师接受委托的权限

《律师执业行为规范（试行）》第 42 条和第 43 条规定，律师在委托人委托的权限内开展执业活动，要求做到：（一）律师接受委托后，无正当理由不得拒绝辩护或者代理、或以其他方式终止委托。委托事项违法、委托人利用律师提供的服务从事违法活动或者委托人故意隐瞒与案件有关的重要事实的，律师有权告知委托人并要求其整改，有权拒绝辩护或者代理、或以其他方式终止委托，并有权就已经履行事务取得律师费；（二）律师在承办受托业务时，对已经出现的和可能出现的不可克服的困难、风险，应当及时通知委托人，并向律师事务所报告。

（三）律师保密规则

保密义务是律师职业道德中极为重要的规范性义务，并贯穿于整个律师业务活动中。律师保密的核心问题涉及律师与委托人的职业特权和律师的保密义务。律师的保密具有平衡控辩双方力量，避免公权力对嫌疑人权利的侵犯的作用。

律师保密既有权利的属性，也有义务的属性。《刑事诉讼法》第 48 条第 1 款规定："辩护律师对在执业活动中知悉委托人的有关情况和信息，有权予以保密。"该条文已在某种程度上承认了律师保密所具有的权利属性。

关于律师保密义务的主体范围，《律师法》第 38 条第 1 款规定："律师应当保守在执业活动中知悉的国家秘密、商业秘密，不得泄露当事人的隐私。"《律师执业行为规范（试行）》第 9 条第 1 款规定："律师应当保守在执业活动中知悉的国家秘密、商业秘密，不得泄露当事人的隐私。"根据《律师法》和《律师执业行为规范（试行）》的规定可知，律师保密义务的内容范围为：律师在执业活动中知悉的国家秘密、商业秘密、当事人的隐私，以及委托人和其他人不愿泄露的其他信息。

法律制度及规则的设置一般都是价值权衡的结果。为了维护律师与委托人之间的信任关系和律师制度的自治性，律师应当承担保密义务，但是如果保密行为损害了更大共同体的利益，则应为这种保密义务设置必要的例外。这些例外主要有以下几类：（1）当事人明确同意的例外。当事人在充分知情同意的情况下，可以明确同意律师披露与代理有关的信息。（2）危及重大利益的例外。《律师法》第 38 条第 2 款规定："律师对在执业活动中知悉的委托人和其他人不愿泄露的有关情况和信息，应当予以保密。但是，委托人或者其他人准备或者正在实施危害国家安全、公共安全以及严重危害他人人身安全的犯罪事实和信息除外。"（3）律师维护自身权益的例外。这一例外是基于律师自我保护的需要，但是必须将其目的严格限定在为保护自己合法权益的需要这一范围之内，而且披露的范围必须以满足这一需要为必要限度，不能为了保护自己利益而无限制地披露委托人的信息。

（四）律师利益冲突规则

在律师执业活动的过程中，由于律师、现委托人、前委托人等主体内部或相互之间不是完全的利益共同体，会导致冲突情形出现。利益冲突指的是同一律师事务所代理的委托事务与该所其他委托事务的委托人之间存在利益上的冲突，如果继续代理将会直接影响到相关委托人的利益的情形。为此，《律师执业行为规范（试行）》第 49 条规定："律师事务所应当建立利益冲突审查制度。律师事务所在接受委托之前，应当进行利益冲突审查并作出是否接受委托的决定。"《律师执业行为规范（试行）》第 50 条规定："办理委托事务的律师与委托人之间存在利害关系或利益冲突的，不得承办该业务并应当主动提出回避。"

根据《律师执业行为规范（试行）》第 51 条规定："有下列情形之一的，律师及律师事务所不得与当事人建立或维持委托关系：（一）律师在同一案件中为双方当事人担任代理人，或代理与本人或者其近亲属有利益冲突的法律事务的；（二）律师办理诉讼或者非诉讼业务，其近亲属是对方当事人的法定代表人或者代理人的；（三）曾经亲自处理或者审理过某一事项或者案件的行政机关工作人员、审判人员、检察人员、仲裁员，成为律师后又办理该事项或者案件的；（四）同一律师事务所的不同律师同时担任同一刑事案件的被害人的代理人和犯罪嫌疑人、被告人的辩护人，但在该县区域内只有一家律师事务所且事先征得当事人同意的除外；（五）在民事诉讼、行政诉讼、仲裁案件中，同一律师事务所的不同律师同时担任争议双方当事人的代理人，或者本所或其工作人员为一方当事人，本所其他律师担任对方当事人的代理人的；（六）在非诉讼业务中，除各方当事人共同委托外，同一律师事务所的律师同时担任彼此有利害关系的各方当事人的代理人的；（七）在委托关系终止后，同一律师事务所或同一律师在同一案件后续审理或者处理中又接受对方当事人委托的；（八）其他与第（一）项至第（七）项情形相似，且依据律师执业经验和行业常识能够判断为应当主动回避且不得办理的利益冲突情形。"

根据《律师执业行为规范（试行）》第52条规定："有下列情形之一的，律师应当告知委托人并主动提出回避，但委托人同意其代理或者继续承办的除外：（一）接受民事诉讼、仲裁案件一方当事人的委托，而同所的其他律师是该案件中对方当事人的近亲属的；（二）担任刑事案件犯罪嫌疑人、被告人的辩护人，而同所的其他律师是该案件被害人的近亲属的；（三）同一律师事务所接受正在代理的诉讼案件或者非诉讼业务当事人的对方当事人所委托的其他法律业务的；（四）律师事务所与委托人存在法律服务关系，在某一诉讼或仲裁案件中该委托人未要求该律师事务所律师担任其代理人，而该律师事务所律师担任该委托人对方当事人的代理人的；（五）在委托关系终止后一年内，律师又就同一法律事务接受与原委托人有利害关系的对方当事人的委托的；（六）其他与第（一）项至第（五）项情况相似，且依据律师执业经验和行业常识能够判断的其他情形。律师和律师事务所发现存在上述情形的，应当告知委托人利益冲突的事实和可能产生的后果，由委托人决定是否建立或维持委托关系。委托人决定建立或维持委托关系的，应当签署知情同意书，表明当事人已经知悉存在利益冲突的基本事实和可能产生的法律后果，以及当事人明确同意与律师事务所及律师建立或维持委托关系。"根据《律师执业行为规范（试行）》第53条规定："委托人知情并签署知情同意书以示豁免的，承办律师在办理案件的过程中应对各自委托人的案件信息予以保密，不得将与案件有关的信息披露给相对人的承办律师。"

（五）律师收费规则

律师行业是向社会提供有偿法律服务的行业，有偿服务就存在合理收费的问题。律师费用的收取应遵循公开公平、自愿有偿以及诚实信用原则。具体来说，律师事务所和律师应当以国家行政管理部门、律师协会制定的相关规定为依据进行合理收费。

根据《律师服务收费管理办法》第5条规定："律师事务所依法提供下列法律服务实行政府指导价：（1）代理民事诉讼案件；（2）代理行政诉讼案件；（3）代理国家赔偿案件；（4）为刑事案件犯罪嫌疑人提供法律咨询、代理申诉和控告、申请取保候审，担任被告人的辩护人或自诉人、被害人的诉讼代理人；（5）代理各类诉讼案件的申诉。"

根据2014年12月17日国家发展和改革委员会《关于放开部分服务价格意见的通知》第1条第4款规定，除律师事务所和基层法律服务机构（包括乡镇、街道法律服务所）提供的下列律师服务收费实行政府指导价外，其他律师服务收费实行市场调节价。（1）担任刑事案件犯罪嫌疑人、被告人的辩护人以及刑事案件自诉人、被害人的代理人；（2）担任公民请求支付劳动报酬、工伤赔偿，请求给付赡养费、抚养费、扶养费，请求发给抚恤金、救济金，请求给予社会保险待遇或最低生活保障待遇的民事诉讼、行政诉讼的代理人，以及担任涉及安全事故、环境污染、征地拆迁赔偿（补偿）等公共利益的群体性诉讼案件代理人；（3）担任公民请求国家赔偿案件的代理人。

律师职业道德还涉及律师的财务保管规则、律师与裁判机关之间关系规则、律师与检察官之间关系规则、律师与同行之间关系规则、律师与律师事务所之间关系规则以及律师与行业管理部门之间关系规则等。①

---

① 王新清主编：《法律职业道德》，法律出版社2016年版，第195页。

三、律师职业道德的培养

律师职业道德教育是将一定的职业道德认识转化为律师的职业道德品质的活动过程。"没有道德教育，任何一种道德要体现社会生活都是不可想象的。"① 律师职业道德教育培训系统可由三个部分构成。一是将律师职业道德建设全过程贯穿于法学教育之中，为律师队伍提供高素质的人才储备。法学教育具有较完善的教学设施、充足的教学资料、专门的教学师资、丰富的教学经验以及科学的教学计划，成为律师前必须经历基础法学教育。因此法学教育是对律师开展职业道德教育的最佳时机，也是律师养成良好职业道德的重要保证。② 二是将道德评价作为律师行业准入的实质要件。在执业资格考试中加强律师职业道德教育培训的同时，对于通过法律职业资格考试之后申请从事律师职业的人员，也要加强岗前的职业道德教育和执业纪律培训，以进一步提升起职业道德。三是将职业道德教育作为律师继续教育的重要内容。继续教育和思想总结能够促使律师逐步地接受职业道德和执业纪律教育以及法学教育，同时能够增强其执业能力，抵御落后思想观念的影响。

---

① 周志忠主编：《伦理学》，人民出版社 2004 年版，第 464 页。
② 安立民：《律师职业道德养成与法学教育》，载《中国法学教育研究》，2007 年第 4 期。

第 2 章 咨 询

第一节 咨询的概述

一、咨询的概念

　　本章的"咨询"是指"法律咨询",从诊所法律教育看,侧重于律师法律咨询的教学与实训。咨询可以分为广义的咨询和狭义的咨询。广义的咨询,范围可将整个律师行业纳入其中。狭义的咨询,仅包含律师传统业务的咨询,如刑事业务、民事业务、行政业务、非诉业务等。具体来看,本章探讨的法律咨询是指正式签订委托代理合同之外的咨询业务,主要包括律师就国家机关、事业单位、企业、社会团体和其他经济组织或者公民个人提出的有关法律事实问题,以口头或者书面的形式作出解释或者说明,提出建议和提供解决方案的一项业务活动。咨询可分为现场口头咨询和当事人提供案件材料后由律师提供咨询意见。从是否收费的角度来看,咨询可以分为正式的收费咨询和非正式的不收费咨询。在不同的法律职业中,律师的角色特点决定了其进行咨询的重要性,更能够从当事人的角度思考和解决问题。律师咨询服务的质量高低能够直接影响当事人的切身利益。因此,律师做好法律咨询工作,不仅是自身专业知识储备和丰富社会阅历的体现,也是化解社会矛盾的法律职业使命的展现。

二、咨询的对象

　　咨询的对象是当事人及利害关系人。根据《民事诉讼法》的相关规定，利害关系人是指当事人的父母、配偶、子女以及债权人或者债务人等。在少年家事案件中，律师提供咨询服务的对象主要是指当事人及其监护人，这是少年家事案件区别于其他类型案件的特点之一。值得注意的是，《民法典》第17条至第21条已就未成年人年龄、认知和责任规定了不同的适用条款，对于超出未成年人年龄和智力范围的法律行为效力，除非有专门的规定，一般均须由监护人同意或予以追认才有效。

三、咨询的目的

在律师的日常业务活动中，当事人会提出多种类型的法律问题请求律师予以解答。如离婚时如何争取未成年子女的抚养权，如何计算抚养费的金额等。当事人请求律师解答各种各样的法律问题，目的在于处理正在面临的法律问题和应对未来可能出现的法律纠纷，以维护自身的合法权益。律师作为受过法律专业训练的从业人员，通过提供法律咨询的业务，向当事人解答法律问题和提供解决方案，获得当事人的信任并签订委托合同，以最大限度地维护当事人的合法权益。

四、咨询的作用

第一，有效宣传法律且塑造守法氛围。律师通过解答询问，有针对性地向当事人传递相关法律保护的界限和方式，以及哪些做法会受到法律的制裁。对于正在面临的纠纷，律师告知当事人怎样的处理方式是正确的，以及哪些处理方式是得不到法律支持的。相应地，律师应告知当事人法律建议的具体依据，进而可以最直接、最有针对性地起到宣传法律、法规和政策的重要作用，提高民众的法律认知和法律素养。

第二，能够充分发挥平抑诉讼的机能。律师通过解答询问法律咨询，可以帮助当事人提高法律认知，正确看待问题和处理纠纷，从源头上把控纠纷的产生和升级，防止纠纷扩大化发展，实现多元化的纠纷解决，减少诉讼案件。

第三，能够实现妥善沟通情况的功效。律师通过咨询，可以掌握当事人亟待解决的问题，从而起到联系群众，及时向有关机关沟通情况的作用。对于某些突出的矛盾，高质量的律师咨询服务有利于问题的妥善解决。

第四，能够促进律师执业水平的提升。律师解答法律咨询，要接触各种各样复杂的法律问题，会碰到许多的新问题和新情况，这有利于促使律师进一步学习和研究，进而提升执业水平。

综上，当事人通过向律师咨询法律问题，能够具体、系统地了解法律的相关规定，对于如何看待问题和处理矛盾，以及具体的法律依据，都会有了清晰认识。律师通过解答当事人的法律问题，既能积极宣传法律作用和发挥平抑诉讼的机能，又能实现有效沟通和提升执业水平。可知，法律咨询是一项群众性、政治性和专业性强的法律服务工作。法律咨询质量的高低，取决于律师的专业知识储备和问题处理能力，对当事人的切身利益影响重大。因此，法律咨询工作应受到重视，尤其在诊所法律教育中。

第二节　咨询的实施

在实践中，律师以多种方式开展咨询业务，如网络沟通、电话解答、办公场所面谈等。不同咨询方式有着不同特点，律师在开展咨询过程中应采取有区别的策略以更好地解答法律问题。从整体来看，律师咨询一般可以分为以下六个步骤，即一记、二听、三看、四问、五析、六答。从整体到部分把握好每个环节和重要细节，能够有效提升咨询的质量。

一、登记和记录

第一，登记是指填写解答法律询问登记表。在开展咨询业务时，律师应当首先了解询问人的相关情况，如姓名、年龄、职业、工作单位、住址、电话号码和受教育程度等。在此基础上，律师完成表格填写后，可以更有针对性地开展咨询工作。对于询问人的问题，能够当场给予解答的，即可当下告之法律建议，并把解答结果记录在表格内。对于不适合当场回答的问题，律师可以和询问人约定时间和地点，以网络、电话或面谈的方式将法律建议或法律方案告知询问人。

第二，记录是指根据当事人阐述的案件事实和证据信息进行记录，为律师准确解答当事人的询问提供必要帮助。在律师的日常工作中，当事人咨询复杂案件的情形也比较常见，这就要求律师在记录的过程中把握重点，即将案件的主要事实、主要问题和主要证据记录清楚。对于一些当事人的情绪表述或不影响案件性质的细节可以酌情省略，这利于律师对案件整体事实的梳理。值得注意的是，对于某些重大问题或案件的咨询，当事人拒绝透露重要信息，如当事人身份、案件主要情形的，律师也可视情况不解答。此外，律师应询问当事人是否咨询过其他律师。不同的律师对同一事实和同一部法律的理解和看法可能会存在明显差别，进而提出的解决方案也会出现不同。也许当事人在前来咨询时，已咨询过其他律师，其他律师可能已发现了问题所在，并给出了有效的解决方案。故律师可以参考其解答意见和解决方案，并且进行优化，最终反馈给当事人。当然，也可能存在当事人不认可之前律师给出的意见和解决方案的情况。对此，应先记录，做好进一步的法律咨询工作。

二、听取、观察与审阅

听取咨询者的陈述是解答法律咨询的前提和基础。律师解答法律咨询，对于咨询者的陈述，应当做到认真倾听和详略得当记录，以便更好地掌握案件情况，保证解答法律问题的质量。在听取咨询者的陈述过程中，律师应当做到以下几点要求：其一，听完问题的全过程，明晰案件的发生、发展等重要环节。若律师在听取案件事实的过程中注意力不集中，则可能会遗漏重要的案件事实，容易导致律师对案件性质造成误判，进而提出不正确的建议。其二，对于问题的细节或关键情节要听真切，可以作必要的记录，但对于重要环节和核心细节绝不可遗漏。其三，要听准问题的关键和实质所在，即要求抓住问题的核心和争议的焦点。律师在倾听的过程当中，既要了解事情的全过程，也要注意其中的关键细节。只有明晰了案件的实质，才能厘清解决纠纷的关键因素，进而得出可靠的结论。

仔细观察是指律师要注意查看询问者提供的证据与其表述之间是否存在联系，判断询问者提出的法律问题有无法律和事实依据。审阅是指观察询问者的外在状态，如精神面貌、情绪反应、感情变化等，旨在明确询问人真实的想法。在观察询问者外在状态时，应当避免基于表面化的外在因素就下结论。如询问人在表述的过程中痛哭流涕就认定其主张确有依据，这并不可取。律师应当通过现象去挖掘本质，找出询问人所求法律对策的关键，从而对症下药。

三、提问与分析

通过前述步骤，律师可以抽丝剥茧地厘清案件事实和主要矛盾。律师应根据前述的内容对询问人进行提问，以便明确其中的细节。提问的方式，应根据不同的对象、问题而有所侧重。可以根据具体情况使用不同的提问方式，通过引导式提问实现询问的目的。

下面主要探讨三种提问的方式：

其一，探讨式提问。这种方式适用于一些较为复杂的案件，或者是司法实践中一些新问题或者新情况。通过提问引导询问者提高认识，有利于矛盾解决方案的提出。

其二，发问式提问。发问式提问主要适用于咨询人对案件的事实经过和主要细节存在表述不清的情形。律师通过向询问人有针对性地提问，引导其围绕案件主要事实和关键细节进行谈话，从模糊的问题中抓住问题的要害，并加以归纳和整理，有利于法律建议的提出。

其三，谈心式提问。这种方式适用于询问者心存顾虑的情形，以平易近人的方式建立询问者对律师的信任，引导询问者表述真实想法和真实案情。

在分析时，律师对当事人咨询的问题已有一定了解，并且记录了案件的环节、细节和证据信息。在此基础上，律师对于询问者陈述的内容从法律和政策的角度进行综合分析，判断案件的性质，确定可行的法律处理方案。当然，律师只能根据当事人提供的事实和证据进行法律分析，并不预测和保证结果。对于比较复杂的问题，应当进行综合分析，进一步厘清案件的性质。在明晰案件性质的情况下，对具体案件进行深入分析，以便有针对性地提出法律建议或法律方案。对于咨询者的问题，一是要从案件整体进行把握，二是具体分析案件性质，三是判断诉求有无法律依据和事实依据。遵循三步走的处理方法，有利于律师找准问题的实质，进而得出切实可行的法律建议或法律方案。

在解答法律咨询时，分析是判断的基础，判断是分析的延伸，正所谓一环扣一环。在具体分析过程中，律师对于界限不清、自己不了解的问题，应当查阅相关法律规范，或向有关机关和律师事务所同事进行请教，避免主观臆断。对于现行法律规范没有明确的事项，或者是自己确实不清楚的问题，有必要向询问者说明实际情况。若律师对案件结果进行预测或作了保证，当事人很可能信以为真，并在此基础上进行委托。但如果最终结果与律师预测或保证的不一致，当事人很可能会不依不饶，这种做法相当于经办律师自己埋下被投诉的隐患。

四、解答与注意事项

（一）解答问题

在实践当中，除了上述提及的不适合当场解答的问题外，一般的问题都应予以现场解答。回答问题一般要求实事求是，符合法律规定，提出切实可行的法律建议或法律方案。具体如下：

第一，解答问题要做到重点突出。针对询问者提出的问题，应认真作答，避免答非所问。如当事人咨询离婚后未成年人子女的抚养权问题，律师不能一上来就讲《民法典》《未成年人保护法》，建议先对未成年人子女的情况作进一步了解，在掌握相关情况的基础上对抚养问题的法律规定作简要分析，最后再根据当事人的诉求作针对性解答。

第二，解答问题要以法律规定为依据。部分当事人可能对相关法律的规定有了解，但对于法条之间的关系和法律适用效果可能不太清楚，因此，建议律师在掌握案件客观事实的基础上，根据现行法律及司法解释向当事人阐述自己的分析过程、结果和判断依据。在事实调查中，有必要引导和提醒当事人讲实话，避免以偏概全或情绪化描述，以便律师能够提供可靠的法律意见。在法律分析中，要准确适用法律，做到"以事实为依据，以法律为准绳"，不能一味迎合咨询者的错误观点和偏激主张。律师对于自己不清楚的法律规范，应及时查阅，避免提出不合法、不合理的法律建议。对于一些涉及机密或隐私的问题，律师应做好相应的保密工作。

第三，解答法律咨询时，内容应具体。律师应给出切实可行的法律建议或法律方案，避免纯理论或理想化的结论。

第四，解答法律咨询时，律师的语言表述应尽可能贴近普通民众，即表述尽量通俗化、简单化。考虑到绝大部分询问人没有接受过专业的法律训练，因此，律师应避免以"法言法语"且不加解释地作答。对于一些明显不符合法律规定的诉求，律师解答时应做到耐心讲解，避免矛盾的产生和激化。

第五，对于询问者提出的问题涉及具体诉讼的，若律师在有限的时间内或有限的材料中无法厘清案件的主要情况，律师可以不作具体回答，以避免所答内容与事实不符，造成误解。

综上，以上所阐述的几个方面的注意事项，在律师开展咨询工作中是紧密关联的，可以按上述顺序进行也可以相互交叉展开。比如记录，既可以在倾听当事人陈述的时候适当地进行记录，也可以在对当事人进行提问时进行记录。如果以书面形式向当事人反馈法律建议或解决方案，有必要同时制作书面的风险告知书并让当事人签字确认。

（二）注意事项

第一，律师要不断地学习和积累多方面知识，提高执业水平。从目前的法律工作实践来看，咨询者提出的问题并不局限于某类法律纠纷或某阶段的法律程序。因此，律师除了精通法律业务之外，还应对社会动态和司法实践有更多的认知。故作为律师必须坚持自我学习和向社会学习，既注意积累掌握法律及相关知识，如心理学、逻辑学等基础知识，也要对如计算机、历史文化、建筑工程、财务会计等学科有所了解，以便更好地为社会提供优质、专业的法律服务。

第二，律师解答法律咨询，应该言之有据，避免以偏概全。律师解答法律咨询，必须做到既有事实依据，又有法律依据。律师在倾听当事人的陈述时，可以先接纳其情绪，但不能没有底线地随声附和。律师对于自己不清楚的专业问题或复杂情况，应先记录，不可不懂装懂。律师在解答咨询时，首先应出于职业操守和责任意识，对于存疑的案件情况或证据问题应多加留心，不可为了迎合当事人而匆忙出具法律意见，建议律师可以根据掌握的具体情况和办理过的类似案件提出倾向性意见。否则，一旦出现差错，不仅会造成不应有的矛盾，也会对律师事务所和经办律师的信誉产生负面影响。律师在出具咨询意见时，有必要专门提醒当事人，即咨询意见中的案情分析、法律适用和结果走向的判断是基于当事人陈述的事实情况以及其提供的相关证据，若前提条件存在错误将影响结论的可靠性。

第三，最大限度地维护当事人的合法权益。为维护当事人的合法权益，律师应当在法律允许的范围内作出最大的努力。一方面，律师应就对当事人不利的因素进行说明，不可故意隐瞒。另一方面，律师应就对当事人有利的因素进行说明，但不可进行结果承诺，应以风险法律把控的视角对当事人询问的事项作综合分析。对于风险较大的方案律师要予以特别说明，应尽力维护当事人的合法权益，践行律师法律职业的使命。

第四，避免激化矛盾，尽可能减少当事人的讼累。在司法实践中，可能有些律师会为了眼前利益，故意激化矛盾并借此获利。这种做法严重违反了律师的职业道德，与维护当事人的根本利益原则背道而驰，应坚决制止。在可能的范围内，律师应当采取积极措施避免激化矛盾，尽可能地减少当事人的讼累。

第五，为当事人提供合法、可行性的法律服务。律师提供的服务是高质量的专业服务、职业服务。高质量的法律服务意味着所提供的法律咨询在内容上做到准确、客观、全面、细致；在语言表达上主旨明确，用词精准，语言简洁且具有逻辑性；在形式上做到口齿清晰，文字表达通畅、无错别字，文字材料字迹清晰且装订整齐。高质量的法律咨询源于律师对整体和细节的把握，体现了律师的专业综合素质。

第六，坚守合法正义的底线。尽管法律服务市场也存在内卷现象，但为当事人提供高质量的法律服务，是律师行业向上发展的标准。不可否认，在竞争过程中，部分律师事务所和律师以牺牲服务质量或是昧于职业操守来迎合当事人的偏好。这类做法既加剧了当事人的法律风险，也为律师执业蒙上阴影。因此，对于当事人提出的不合法、不合理的要求，律师应对其进行疏导和风险提示，坚守合法正义的底线。如果当事人听不进律师的意见和建议，在疏导和提示无效的情况下，则应当考虑拒绝当事人的咨询和委托。律师要做到坚守合法正义的底线，切忌为了推广业务而盲目迎合当事人，并作出虚假承诺。

第三节　咨询的实训

一、家事案件实训案例一

王某与杨某是夫妻且育有二子一女，2018 年 9 月，杨某又生下一名男婴。2019 年 2 月，王某、杨某和王某某经协商达成协议，将男婴过继给王某某抚养。王某某支付王某、杨某哺乳费 4 万元。协议签订后，王某某支付给王某、杨某人民币 1 万元，并将男婴带回家中抚养。2021 年 10 月，杨某被公安机关抓获，王某主动到公安机关投案自首。

【实训项目】

通过咨询掌握案件性质。

本案是典型的出卖亲生子女案件，司法实践中以拐卖儿童罪还是以遗弃罪对行为人进行定罪量刑存在争议。对此，要避免一概而论，应具体问题具体分析，通过咨询了解案件细节并掌握案件性质。本实训案例中的案件性质认定，涉及法律条文理解方面的咨询。许多当事人在进行咨询中就具体法律条文如何理解询问律师，这是咨询中常见的问题。对当事人关于法律条文理解方面的咨询，主要可以分为三种情况：

第一，单纯的法律条文解释。对此，律师应严格按照法律的相关规定进行解释，有明文规定、司法解释、立法解释的，要依法解释。没有司法、立法解释的，应根据立法意图和学理解释进行阐释。比如，当事人咨询遗弃罪成立的条件，这一问题在《刑法》中有明确的规定，律师应依照法律的相关规定进行解释。律师在提供法律咨询中的主要任务之一就是向当事人说明具体解释的出处和各自的法律效力。

第二，相近或者相似的法律条文及罪名的解释。对于界限不清、容易发生混淆的条文和罪名的解释，如《刑法》中拐卖儿童罪和遗弃罪的区别等，当事人可能不太了解，需要通过咨询律师以明白其中的含义与区别。对于此类问题的解释，律师首先要明晰具体概念及其区别。如《刑法》第240条规定的拐卖妇女、儿童罪和第261条规定的遗弃罪。对上述两个概念，律师可结合案件的实际情况，将两个相近似概念进行充分对比说明，向当事人清楚地解释其中区别以及对当事人的影响。本案中区别拐卖儿童罪和遗弃罪的关键在于王某和杨某的主观目的。具体来看，王某和杨某已生育三个孩子，从经济状况看该夫妻是比较困难的，遂产生了将新生的男婴送人的想法，并希望该男婴得到良好的成长环境。王某和杨某经人打听得知王某某有意收养男婴，且其家境符合王某和杨某的预期，通过协商，双方达成协议。在协议中，双方约定生父母定期上门看望孩子，一是对亲生孩子的想念，二是观察其成长环境。根据上述的主客观因素，王某和杨某在主观上并没有"出售"亲生孩子的想法，其行为的本质在于将孩子送到家庭环境更好的地方以利于其成长，拒绝履行作为生父母的抚养义务。因此，王某和杨某的行为构成遗弃罪而非拐卖儿童罪。

第三，就司法文书中引用具体法律条文的解释。解释涉及具体的法律条文，要分析这些司法文书中概括的案情，针对具体案情进行解释。

【实训步骤】

步骤一：将学生分成若干组，其中一人为观察员，三人分别扮演王某、杨某和王某某，另外一人扮演负责咨询的律师。

步骤二：由律师向当事人提供咨询服务，观察员进行观察，教师巡回观察各组情况。

步骤三：观察员汇报本组咨询情况，其他人员可作补充。

步骤四：评估。

二、家事案件实训案例二

邹某与曹某是夫妻并育有一女邹某某（五岁），曹某因遭受家暴向律师咨询离婚的诉讼程序问题。曹某称其与邹某于 2014 年 11 月经人介绍认识，2015 年 5 月二人办理结婚登记，2017 年 5 月生育女儿邹某某，邹某某现和邹某生活。婚后，曹某曾多次向派出所报警称邹某对其进行殴打。曹某认为其与邹某已不存在感情基础，准备起诉离婚且希望争取女儿的抚养权。

【实训项目】

通过咨询了解诉讼程序。

本案涉及诉讼离婚法律程序的咨询，涉及的内容一般包括民事起诉状、管辖、审级、当事人的权利和义务等。对此类型的咨询，律师要依照相关法律规定，向询问者阐明法律的相关规定，使其能独立运用，掌握具体方法，维护他们自己的诉讼权利。如对民事诉讼中的审理期限，《民事诉讼法》第 152 条规定了"审理期限"。法律规定虽然很详细，但当事人可能不能完全理解法条规定的具体含义和适用情形，比如"立案""普通程序""特殊情况"等。就离婚案件而言，对于首次诉讼的离婚案件，如果双方感情未到确已破裂的地步，本着给予双方一次和好机会的原则，司法实践中一般判决不准离婚。但是对于存在家庭暴力等法定离婚事由的，即便是第一次起诉离婚，若经法院调解不能和好的，法院也会判决准许离婚。本案属于因家庭暴力导致离婚的案件，根据《民法典》相关规定，无过错方的离婚请求和赔偿请求可以得到法院的支持。对于家庭暴力这样违反法律和社会主义道德的行为，立法和司法均旗帜鲜明地给予否定性评价。律师应将上述规定向当事人进行解释，并结合咨询的案件事实作进一步的说明。

在本案当中存在婚姻关系存续期间的家暴问题，在当事人咨询的过程中，也会涉及妇女联合会、居民委员会等其他部门负责的事项。对于涉及其他部门负责事项及处理流程的咨询，律师能够一并回答的可以现场回答。如果对具体规定或细则不清楚的，律师可以向当事人指明应去咨询的单位。

【实训步骤】

步骤一：将学生分成若干组，其中一人为观察员，二人分别扮演邹某和曹某，另外二人扮演负责咨询的律师。

步骤二：由律师向当事人提供咨询服务，观察员进行观察，教师巡回观察各组情况。

步骤三：观察员汇报本组咨询情况，其他人员可作补充。

步骤四：评估。

三、少年案件实训案例三

李某因其儿子小李（十岁）经常到家楼下的某网吧玩游戏而倍感焦虑。小李因沉溺游戏导致亲子关系紧张、学习成绩下降。李某多次在某网吧内发现多名与其儿子年龄相仿的学生在上网，其观察发现某网吧经常使用他人身份证件为学生上网提供便利。李某感到气愤之余，不清楚可以采取何种法律手段制止某网吧的违法经营活动，故向律师进行咨询。

【实训项目】

通过咨询明确投诉渠道。

本案主要涉及《未成年人保护法》第58条及第123条之相关内容的解读。此外，《互联网上网服务营业场所管理条例》第21条规定，互联网上网服务营业场所经营单位不得接纳未成年人进入营业场所。互联网上网服务营业场所经营单位应当在营业场所入口处的显著位置悬挂未成年人禁入标志。在本案当中，某网吧多次违规接纳未成年人，并使用他人身份证为未成年人上网提供便利，违反了《未成年人保护法》的相关规定，属于违法行为，应承担相应的法律责任。因此，李某可以向文化和旅游部门进行举报，也可以拨打110报警电话或当地的市长热线进行举报。

【实训步骤】

步骤一：将学生分成若干组，其中一人为观察员，二人分别扮演李某和小李，另外二人扮演负责咨询的律师。

步骤二：由律师向当事人提供咨询服务，观察员进行观察，教师巡回观察各组情况。

步骤三：观察员汇报本组咨询情况，其他人员可作补充。

步骤四：评估。

四、家事案件实训案例四

张某与黄某是夫妻并育有一子，张某于2019年1月向韦某借款100万元，该笔借款已届清偿期。张某欲离婚，向律师进行咨询。

【实训项目】

通过咨询厘清当事人真实诉求。

本案表面上涉及离婚纠纷，实际上是借贷纠纷。律师通过进一步询问得知，张某和黄某名下有三套房产，且均购于夫妻关系存续期间。张某表示该笔借款是以自己名义借的并用于投资，妻子黄某并不知情。现在投资失败，无力偿还100万元的借款，希望通过离婚的方式转移夫妻共同财产。至于借款，张某表示日后自己再想办法偿还。对此，律师可以根据《民法典》的相关规定和相关案例的审判结果给予当事人具体建议和风险提示。相关的风险，如债权人会对债务人无偿处分财产权益行为行使撤销权，债务人离婚转移财产的行为不发生法律效果等。

【实训步骤】

步骤一：将学生分成若干组，其中一人为观察员，二人分别扮演张某和黄某，另外二人扮演负责咨询的律师。

步骤二：由律师向当事人提供咨询服务，观察员进行观察，教师巡回观察各组情况。

步骤三：观察员汇报本组咨询情况，其他人员可作补充。

步骤四：评估。

第四节　咨询的评价

一、咨询评价

根据咨询的实训内容，评价主要包括以下四个方面：首先，自我评价，即学生对其在咨询中的表现进行评价。其次，当事人评价，即当事人（学生）对学生作为律师的咨询表现进行评价。再次，观察员评价即作为观察员的学生对咨询流程及能力进行评价。最后，教师评价，即教师对整个实训过程进行的综合性评价，具体评价咨询准备计划是否充足、咨询应变能力是否提高、咨询成果是否完整等。

【咨询的评价表】

	评价内容/得分	1	2	3	4	5	6	7	8	9	10	总分
学生评价	自我评价											
	当事人评价											
	观察员评价											
	教师评价											

二、咨询改进

1. 在咨询过程中，你是否能坚持"以事实为依据，以法律为准则"的原则？

2. 在倾听咨询者的陈述过程中，你是否对当事人的问题和意图有了基本了解？

3. 在解答询问的过程中，你是否做到严肃认真、思路敏捷和口齿清晰？

4. 对于难以回复的问题，你是否能及时记录，并和当事人约定时间和地点进行回复或补充说明？

5. 对于解答中出现的错误，你是否积极纠正？

6. 你是否做到最大限度地维护当事人的合法权益？

第 3 章 会 见

第一节 会见的概述

一、会见的概念

　　"会见"又称"会见当事人"，是指执业律师、法官、检察官在办理案件过程中因工作需要而发生与当事人、证人等沟通交流的活动。从诊所法律教育看，"会见"主要侧重律师会见的教学与实训。会见当事人是每个执业律师必然要做的工作，律师只有通过会见才能与当事人建立联系并了解案件。因此，会见是律师代理案件的开始。会见当事人是一项复杂的工作，会见方式、内容、过程和结果等都有其特点、各不相同。通常，一个经验丰富的律师在有限的会见时间内不仅能抓住谈话重点、问题关键、咨询目的、争议焦点，还能够作出细致的分析和准确的判断。更重要的是，律师能够通过对话来展示其渊博的知识、丰富的经验、敏锐的洞察力和对局面的掌控力等。

　　律师办案与法官、检察官不同，当事人对后者基本没有选择权，但对律师具有选择权。在同律师办理委托手续之前，当事人一般会就同样的问题分别向几个律师咨询，以便从中选择满意的代理律师并委托相关事宜。办案收费是律师的主要收入来源，所以会见也是职业竞争的重要环节。尽管会见的形式、过程是多种多样的，但目的都是要取得当事人的信任，获得代理案件的资格。

　　让当事人满意并不意味着律师为了达到当事人的目的就可以不择手

段。律师执业纪律和职业道德是律师行业保持神圣与高尚的"法宝",是律师塑造职业集体荣誉感的"命门"。在会见过程中,如果当事人提出了有悖律师执业纪律和职业道德的要求,律师应当毫不犹豫地拒绝,并礼貌地说明拒绝理由。对于当事人来说,此般拒绝会增加律师的可敬与可信度。此外,律师会见当事人时应注意会见技巧的运用,即在坚持原则和掌握丰富法律知识的基础上,还应当有细致观察能力、逻辑分析能力、交流沟通能力和临场应变能力。由于参加会见的律师不同、会见的环境不同、案件的性质不同、会见的当事人不同,会见提纲、会见策略等内容也要及时调整,不能生搬硬套。换言之,只要律师充分准备、反复训练和不断实践,就一定能提高会见的成功率。

二、会见的对象

律师会见的对象主要包括当事人和证人,此外还包括与案件相关的其他人员,如对方律师、检察官、法官等。会见的目的主要是掌握案件事实、了解当事人意图、与当事人建立信任关系等。诊所学生在会见过程中既要注重与会见对象进行理性交流,又要注重与其进行感性交流;既要获取有效信息,又要与当事人在情感上进行沟通;既要理解当事人意图,又要与之建立良好的信任关系。当事人是法院受理案件之实体权利义务纠纷的两造或与特定法律事实有密切关系的人。根据法律关系不同,案件有刑事、民事及行政之分。少年家事案件既可能是刑事也可能是民事或行政案件。由于少年家事案件中的未成年人欠缺行为能力,所以律师在处理少年家事案件时还要会见未成年人的监护人。证人是指知道案件事实情况并向公安机关、国家安全机关、人民检察院、人民法院、司法行政机关以及其他有关国家机关提供证言的人。

少年家事案件中的会见当事人包括会见监护人,这是少年家事案件区别于其他类型案件的特点之一。《民法典》第 17 条规定:"十八周岁以上的自然人为成年人。不满十八周岁的自然人为未成年人。"第 19 条规定:"八周岁以上的未成年人为限制民事行为能力人,实施民事法律行为由其法定代理人代理或者经其法定代理人同意、追认；但是，可以独立实施纯获利益的民事法律行为或者与其年龄、智力相适应的民事法律行为。"第20条规定："不满八周岁的未成年人为无民事行为能力人，由其法定代理人代理实施民事法律行为。"需要注意的是，在少年家事案件中虽然要会见监护人，且监护人为未成年人的法定代理人，但这并不代表未成年人不是涉及其利益案件的适格当事人。

尽管证人有作证的义务，但并非所有的证人都能友好、客观及公正地参与案件的调查，根据证人的态度不同，可以将其分为友好型、中立型与非友好型。具体来说，友好型证人会基于保护当事人意愿而提供偏袒当事人的供述；中立型证人会碍于情面而不客观、全面、公正地陈述事实；非友好型证人可能会拒绝供述或作出有违事实的供述。因此，评估证人属于哪一类是确保会见能顺利进行的前提，掌握不同类型证人的会见技巧则是诊所学生的必修课。一是会见友好型证人时要谨慎且恪守规则，不能因为证人友好而忘记会见规则，在会见多位证人时，要遵循分开会见规则。二是会见中立型证人时要积极释法，对不愿作证的证人，要从作证义务、维护公平正义、帮助弱者、保护证人隐私等角度积极鼓励证人作证。三是会见非友好型证人时要多一些耐心和勇气，不能因为证人心理或行为抗拒而放弃，可从能引起大家共鸣的话题开启沟通，从而缓解紧张氛围。

三、会见的目的

会见的目的是通过制定详细的会见计划实现的，通过对会见计划的分解，可以将会见目的逐一厘清。律师在会见当事人时，一般有如下三个目的：了解当事人的具体来因、了解当事人已采取的措施、了解当事人的目标需求。

1. 了解当事人的具体来因

首先，了解案情，从当事人的陈述中厘清案件的来龙去脉；其次，识别信息，从当事人的陈述中寻找对案件发展具有影响的事实。在了解案情过程中要注意倾听，以当事人为中心，不要急于判断，尽量用引导的方式使当事人全面地陈述事情经过，同时要揣摩当事人的言外之意。对表达能力有限抑或有难言之隐的当事人，诊所学生既要表现出体谅和尊重，又要注意在识别信息的过程中不被当事人的一面之词所误导，以免主观误判。

2. 了解当事人已采取的措施

当事人为解决纠纷已采取过什么措施？现在希望通过何种方式解决问题，是与对方进行谈判还是诉诸法院？案件进行到哪个阶段，是否在诉讼时效内？当事人手中有哪些证据，哪些人愿意出庭作证？目前哪些情况是对当事人有利或不利的？需要特别强调的是，时效问题是第一次会见应当注意的关键问题。如果发现案件诉讼时效已过，诊所学生一定要及时向当事人说明，建议其尽早采取措施。

3. 了解当事人的目标需求

当事人向诊所求助想要达到怎样的目标，是希望获得金钱赔偿还是要求对方赔礼道歉？是解决纠纷还是一定要诉诸法院？有时当事人只是认为个人力量单薄，这时诊所学生既要表示对当事人的同情和理解，又要在法律允许的范围内为当事人提供帮助。

四、会见的要求

（一）准备工作要求

律师会见通常有事务性的接待会见和事先有安排、有约定的会见。事务性的接待会见主要是指律师在律师事务所内接待上门咨询的当事人，并为其提供法律意见的会见。此类会见的当事人一般对律师有专业方向要求，律师事务所往往根据当事人询问案件的类别，安排擅长此类案件的专业律师接待。因此，律师在对各类案件全面了解的基础上，要对自己的业务方向有所定位，并为自己所确定的专业方向储备丰富的知识。例如，少年家事法律服务中常见抚养权案件、少年犯罪案件、婚姻案件。

对于事先有安排或有约定的会见，律师应当提前做好功课。除了事先熟悉相关法律规定外，还应当对会见对象和案件事实予以充分了解，以便增加谈话时的亲近感，让当事人有"找对人"的感觉。

（二）仪表形象要求

尽管穿着打扮只是形式，但律师良好的仪表形象能给当事人传递出专业、严谨、认真等多方面的信息。可以说，很多深刻的内涵都是靠"形象"来赋予的，如法官身上的法袍、法院大楼高高的台阶、法庭上精致的法槌等。律师会见时，要选择质地良好、颜色协调、合体大方的正装，衬衣领口、袖口要洁净，头发要梳理整齐，皮鞋要一尘不染，给人以干练、严谨执业的感觉。概言之，良好的仪表形象能传递出律师沉着、稳重、专业、经验丰富等特点，这些是取得当事人信赖和委托的"加分项"。

（三）场所选择要求

律师会见往往是在律师事务所进行的，但尽量不要选择律师办公区。在办公区，律师是正坐在自己的办公桌后，这对于坐在办公桌对面的当事人来说，如居高临下的上级，会给当事人带来压迫感。律师事务所的接待室布置很重要，有条件的事务所应该设置一些宽敞的会议室或会客室。这种专门的接待场所既显示了律师事务所的经济实力，又给了当事人座上宾的感觉。如果因客观原因不能在律师事务所会见，那么律师应尽量选择一个安静且环境幽雅的公共场所。因为双方对这种场所的熟悉程度相当，不会有主客地位差异的感觉。对于初与当事人接触的律师来说，这种场所也比较安全。如果当事人是代表机关、公司或其他组织等来与律师会见的，则其常会要求律师到该单位见面。对于这种客场会见，律师应当特别注重会见技巧。因为客场会见往往面对的不是一个人，而是一群人，相关案件事实、法律关系也可能会比较复杂。如此，律师最好带上一名或多名助理，这既能显出律师对此事的重视，又可以协助律师处理相关事务。

（四）谈话交流要求

在会见过程中，与当事人的谈话大致包括倾听、提问、查阅当事人提供的资料、归纳分析、提出建议等内容。上述内容虽没有明确顺序，但在谈话接近尾声时，律师应该按照上述顺序与当事人作总结。比如，我们可以这样跟当事人说："今天您谈的事情我已经听明白了，事实经过是这样的……您看我说的是否有遗漏，有的话您可以补充。我刚才问您的几个问题对这个案子的解决至关重要，您再好好想想。如果有些回答不确定，您可以回去慢慢想，我们还可以通过电话联系。我对于这个案子的分析，您都听明白了吗？"在谈话过程中，律师要注意以下三个问题：谈话不能太生硬，注意保管或处理好当事人提供的资料，遇到疑难问题时要保持冷静。

第二节　会见的实施

一、会见的准备

（一）制定会见计划

1. 会见计划包括哪些方面？

2. 会见目标是否已明确？

3. 搭档之间是否已充分沟通？是否有明确且合理的工作分工？

4. 是否精心选择了会见的时间、地点？

5. 是否有详细的会见问题列表？

6. 会见计划是否包括了替代解决方案？

7. 个人制定的会见计划与经过小组讨论后的会见计划有何不同？

（二）会见注意事项

1. 会见的开场合适吗？当事人、证人有什么反应？

2. 代理人的衣着、姿态、就坐的方式合适吗？

3. 是否按计划的步骤进行会见？若不是，哪些因素影响了你预先拟定的步骤？

4. 在会见过程中你的态度如何？当事人、证人有何反应？

5. 提问是否按照一定的顺序？

（三）会见技巧

1. 会见时的环境

选择会见环境是会见能否顺利进行的重要外部影响因素，晴朗的天气比阴沉的天气更适合会见，舒适安静的环境比压抑吵闹的环境更适合会见。如果可以选择环境，要尽可能地选择晴好的天气、合适的时间、舒适的环境。

2. 会见时的态度

在初次会见时，律师一定要自信地通过必要的自我介绍、得体的谈吐与当事人建立互信关系。具体来说，态度要诚恳、言语要得体、待人要礼貌。一是用诚恳的态度开启会见，给双方营造一个舒适的沟通氛围；二是用得体的言语表达诉求，尊重当事人的表达权利，特别是在证人说话时，要认真倾听，不要随意打断；三是用礼貌的态度待人接物，特别是在少年家事案件中，要对证人尊重、对长辈礼貌、对同辈友善、对晚辈爱护，做到有理有节。

3. 会见时的倾听

"多倾听、多解释、少批评、少抱怨"是会见倾听的技巧。"你早就应该采取行动了，为什么拖到现在"，"你这么做是违法的"……诸如此类的指责和评判都不应出现在会见中。要多理解当事人、证人的处境，做到换位思考。

4. 会见中的发问

发问技巧因问题不同而有所差异。对于不涉及隐私的事实性问题，可以直接发问；对涉及隐私的事实问题，要在了解会见对象的意愿后再发问。对特殊问题，要严格按照流程发问，比如，在未成年人被性侵的案件中，应由女性工作人员发问为宜，要做到一站式询问。此外，发问时还要关注对方的心态和意愿，及时调整发问策略，包括但不限于问题内容、问题数量、问题顺序等。

5. 会见中的应答

在真实的法律诊所教学或法律援助案件中，当事人往往会对诊所的办案方式、对诊所学生本人以及对自己的案件存有疑虑。当事人提出问题时，诊所学生不仅要自信，还要积极主动地回答问题，不要使会见陷入僵局。一是有把握的问题要直接正面回答，做好说理解释，并结合案例来阐述；二是没把握的问题要委婉回答，告知对方：这个问题我不是特别熟悉，我们会请更专业的律师来帮您解答，请您放心；三是对无关问题要礼貌拒绝，如当事人会问一些无聊的甚至与案件无关的内容，此时要直接且有礼貌地说：您提的问题与案件无关（具体原因），我无法回答您。

二、会见的过程

（一）了解案情

会见过程是由会见对象全面、详细地叙述案件全部过程。在会见过程中，律师可以告知当事人放慢语速，以便做好笔录。对于表达能力较弱的会见对象，可以采用"开放式"提问的方式进行会见交流。在诊所教学中，诊所学生要始终保持专注，有耐心地听当事人叙述，不要轻易打断其叙述。同时诊所学生还要注意当事人的态度、情绪，揣测其言外之意。在这一阶段切忌主观判断，要保持理性的头脑，耐心听取和收集所有可能有价值的信息。

（二）询问详情

在了解案情的详细情况之后，要对信息进行筛选，识别哪些信息是与案件有关的，哪些是无关的；哪些是客观存在、不容争辩的事实，哪些是有待查证的描述；哪些是影响案件发展的关键，哪些是当事人的主观臆断。在这个阶段，要就模糊不清的事实仔细询问当事人。在询问过程中要注意方式，对不涉及当事人隐私的问题可以开门见山地问，对当事人有意回避的问题要用委婉的方式，避免伤其自尊或引发其误解、反感。

（三）获取资料

当事人手中通常保留了相关证据、法律文书等资料，诊所学生可以查阅这些资料，判断证据的证明作用和证明力。在征得当事人允许后，可复制证据、资料，以便会见后进行研究。学生还要询问当事人是否还有其他与案件有关的资料，告知还有哪些证据需要搜集，是否要做相关鉴定以及采取哪些措施。

（四） 总结确认

会见的最后，诊所学生要将会见笔录交给当事人确认并签字，当事人认为有不完整之处可以补充。学生还要提醒当事人，如果想起任何遗漏之处可以随时联系以作补充。这个过程可以让当事人明确双方已建立起合作关系，同时，详细的笔录是日后诊所老师与学生办理案件的重要依据。

三、会见的结果

会见的四个阶段结束后，律师应当了解当事人对会见的感受，并协商如何完成后续工作，以及对下一次的会见作出具体安排。首先需要商定下一次联系的时间、方式（电话、电邮、通信等），需要交换的意见内容；其次双方需明确各自接下来要做的工作，学生的工作通常包括：

（1）查阅、搜集与整理相关法律规定。

（2）与证人或与案件有关的个人、组织联系。

（3）根据案情准备法律文书。

（4）制定符合实际的工作计划和行动方案。

（5）处理其他与案件相关的事宜。

四、会见的文书

（一） 侦查阶段律师会见所需资料

1. 提交给公安机关的格式文书

（1）《律师事务所函》。

（2）《律师会见在押犯罪嫌疑人的函》。

（3）《授权委托书》。

（4）《为犯罪嫌疑人提供帮助的委托协议》。

（5）律师证复印件。

2. 提交给看守所的格式文书

（1）律师事务所出具的《律师会见在押犯罪嫌疑人、被告人专用介绍信》。

（2）公安机关出具的《安排律师会见在押犯罪嫌疑人通知书》。

（二）审查起诉阶段律师会见所需资料

1. 提交给检察机关以下格式文书，并领取《起诉意见书》

（1）《律师事务所函》。

（2）《委托书》。

（3）律师证复印件。

2. 提交给看守所的格式文书

（1）《委托书》。

（2）《律师会见在押犯罪嫌疑人、被告人专用介绍信》。

（3）《起诉意见书》。

（三）审判阶段律师会见所需资料

1. 提交给法院的格式文书，并复印《公诉状》及相关证据资料

（1）《律师事务所函》。

（2）《委托书》。

（3）律师证复印件。

2. 提交给看守所的格式文书

（1）《委托书》。

（2）《律师会见在押犯罪嫌疑人、被告人专用介绍信》。

（3）《公诉状》。

（4）《一审判决书》（若是二审则需要提交）。

【律师会见在押犯罪嫌疑人、被告人专用介绍信】

律师会见在押犯罪嫌疑人、被告人专用介绍信（存根）

[　　]第　　号

领函人：

交付：

事由：

批准人：

时间：

注：本介绍信用于会见犯罪嫌疑人、被告人时向看守所、羁押场所提交。

律师会见在押犯罪嫌疑人、被告人专用介绍信

[　　]第　　号

_____：

　　根据《中华人民共和国刑事诉讼法》第＊＊＊条、第＊＊＊条以及《中华人民共和国律师法》第＊＊＊条的规定，现指派我所_____律师前往你处会见_____案的在押犯罪嫌疑人（被告人）_____请予安排。

特此函告

律师事务所（章）

年　　月　　日

【律师会见在押犯罪嫌疑人的函】（侦查阶段）

存根	律师会见在押犯罪嫌疑人的函
律师会见 在押犯罪嫌疑人的函 [ ] 第 号 领函人： 交付： 事由： 批准人： 时间：	[ ] 第 号 _____公安局： _____人民检察院： 　根据《中华人民共和国刑事诉讼法》第＊＊＊条以及《中华人民共和国律师法》第＊＊＊条的规定，我所_____律师拟前往_____会见_____案的在押犯罪嫌疑人_____。 　时间：_____年___月___日_____时 　特此函告 律师事务所（章） 年　月　日

【律师会见在押犯罪嫌疑人的函】

律师会见在押犯罪嫌疑人的函（存根）

[ ] 第 号

领函人：

交付：

事由：

批准人：

时间：

注：本函用于侦查阶段会见犯罪嫌疑人前向侦查机关提交。

律师会见在押犯罪嫌疑人的函

[ ] 第 号

_____：

根据《中华人民共和国刑事诉讼法》第＊＊＊条以及《中华人民共和国律师法》第＊＊＊条的规定，我所_____律师拟前往_____会见_____案的在押犯罪嫌疑人_____。

时间：_____年____月____日____时，请予安排。

特此函告

律师事务所（章）

年 月 日

第三节　会见的实训

一、少年案件实训案例一

小孔、小建、小鲁及小刘等人在北京某中学上学期间，因琐事发生纠纷。小孔向大东和小张提议购买刀具报复小鲁、小刘，三人购买刀具六把。买完刀后小孔分别给小鲁和小刘打电话约架。后小孔和大东伙同小张和小孙，持刀与小建纠集的三十余人（持棍、棒等）一同来到某立交桥下，在桥两侧分头等待小鲁等人前来殴斗。当小鲁、小刘纠集多人持棍、棒等物到达时，双方互相持械殴斗。其间多人受伤，轻重程度不等。①

【实训项目】

通过会见明确涉案主体。

整理事实的目的是要明确各主体之间的权利义务关系，并向对方当事人主张权利。也就是说，办案最终是要把结果落实到人（包括法人）上，而起诉的要件之一就包括要有明确的被告和具体的诉求。因此，律师在会见时，要帮助当事人将所有的涉案人列出来，再划分角色，明确他们相互间的关系，以便找到最合适的解决办法。

【实训步骤】

步骤一：将学生分成若干组，其中一人为观察员，两人分别扮演小鲁、小鲁的监护人，另外两人扮演负责接待的律师。

步骤二：由律师会见当事人，观察员进行观察，教师巡回观察各组情况。

步骤三：观察员汇报本组会见情况，其他人员可作补充。

步骤四：评估。

---

① 北京市第一中级人民法院在"全国中小学教育日"发布的七大典型案例之一。

二、少年案件实训案例二

16 岁的小钟是北京某中学的学生，他以虚假身份在社交网站上注册信息，与未成年女性交往，多次以言语威胁的方式强行与多名未成年女性发生性关系并拍摄裸照，还以将裸照发至互联网上为要挟多次侵害被害人。①

【实训项目】

通过会见了解证据或证据线索。

在司法活动中，只有用证据证明了的事实，才是有效的事实。因此，对于当事人提供的事实，律师应一一查问其是否有证据证实。如果当事人一时说不清，律师应当指导当事人通过合法方式获取证据，并向当事人讲明没有证据或者提供虚假证据的法律后果。

【实训步骤】

步骤一：将学生分成若干组，五人一组，其中一人为观察员，两人分别扮演被害人、被害人的监护人，另外两人扮演负责接待的律师。

步骤二：由律师会见当事人，观察员进行观察，教师巡回观察各组情况。

步骤三：观察员汇报本组会见情况，其他人员可作补充。

步骤四：评估。

三、家事案件实训案例三

2012 年，邵某与薛某在一次网络聊天时结识。经过一年多的相处，终于在 2013 年 9 月正式结婚。婚后二人感情尚好，在第二年生育一个孩子，然而双方之间的问题从此开始产生。由于生活习惯不同，加上当初网络交流时，彼此对对方家庭成员和性格特点了解并不深入。作为妻子的薛某在

---

① 北京市第一中级人民法院在"全国中小学教育日"发布的七大典型案例之一。

婚后与公婆产生了矛盾，邵某与薛某也因此经常吵架。在一次争吵过程中，薛某终于无法忍受并动手打了公婆。无奈之下，丈夫邵某在 2015 年 4 月以夫妻感情破裂为由起诉离婚。①

【实训项目】

通过会见重新整理事实经过。

当事人在讲述时，是凭自己的感受来安排所陈述事实，往往先说对自己有利的事实，或先说自己受到侵害的事实，而对自己不利的情节，当事人就可能含糊其词。对于律师来说，全面客观地了解案情是非常重要的。因此，律师在倾听时，应当特别注意每件事发生的时间和相互间的因果关系，尽量不要受当事人带有感情色彩的描述的影响。经过案件梳理，律师就可能会发现问题和矛盾点，如有些事实承接不上，有些事实前后矛盾，有些事实当事人陈述不清等，律师应围绕问题和矛盾点进行询问，如此整理出的事实才能成为律师进行法律分析和办案的基础。

【实训步骤】

步骤一：将学生分成若干组，其中一人为观察员，两人分别扮演邵某、薛某，另外两人扮演负责接待的律师。

步骤二：由律师会见当事人，观察员进行观察，教师巡回观察各组情况。

步骤三：观察员汇报本组会见情况，其他人员可作补充。

步骤四：评估。

四、家事案件实训案例四

2011 年 6 月，张某和陈某经人介绍订婚，因张某所在生产组要分土地补偿款，张家为多得补偿，张某和陈某在交往不到一个月的情况下即登记

---

① 最高人民法院 2015 年 11 月公布的婚姻家庭纠纷典型案例（河南）：邵某诉薛某离婚纠纷案。

结婚。婚后不到三天，张某继续到外地上学，陈某在张家仅住了几个月就回娘家居住。其后，陈某因向张某索要生产组每人发放的土地补偿58 700元而多次发生争执。2013 年，张某以夫妻相处时间较短、双方无感情基础为由两次到法院起诉离婚。在和好无望的情况下，当地县人民法院于2014年6月以夫妻感情确实已破裂为由判决二人离婚。离婚后，陈某要求张某父母返还自己的土地补偿款 58 700 元，张某父母以办理结婚、待客、买家具钱已花完的理由拒不交出。多次索要无果后，陈某以不当得利为由将张某父母再次诉讼至法院。①

【实训项目】

通过会见理清法律关系。

理清法律关系是律师会见时的一项重要工作，是律师对当事人的咨询作出分析判断的重要内容。要先弄清该案是哪一类家事案件，再进一步理清民事法律关系。如此一步步细化，直到找出具体适用的法律条款。有些案件只涉及一个法律关系，分析起来比较简单。但有些案件可能会涉及多个法律关系，并相互交错，还可能有竞合关系，这对于律师来说是个极大的考验。

【实训步骤】

步骤一：将学生分成若干组，其中一人为观察员，两人分别扮演张某、陈某，另外两人扮演负责接待的律师。

步骤二：由律师会见当事人，观察员进行观察，教师巡回观察各组情况。

步骤三：观察员汇报本组会见情况，其他人员可作补充。

步骤四：评估。

---

① 最高人民法院 2015 年 11 月公布的婚姻家庭纠纷典型案例（河南）：张某诉陈某离婚后财产纠纷案。

第四节 会见的评价

一、会见评价

根据会见的实训内容，评价主要包括以下四个方面：首先，自我评价，即学生对其在会见中的表现进行评价。其次，当事人评价，即当事人（学生）对学生作为律师的会见表现进行评价。再次，观察员评价，即作为观察员的学生对会见流程及能力进行评价。最后，教师评价，即教师对整个实训过程进行的综合性评价，具体评价会见准备计划是否充足、会见应变能力是否足够、会见成果是否完整等。

【会见评价表】

	评价内容/得分	1	2	3	4	5	6	7	8	9	10	总分
学生评价	自我评价											
	当事人评价											
	观察员评价											
	教师评价											

二、会见改进

1. 会见技巧运用的效果如何？下次会见将如何改进？

2. 你与对方沟通效果如何？哪些因素影响了沟通效果？

3. 是否有效控制了会见过程？是否作了结论性评判？有无打断当事人陈述的情况？

4. 你与搭档配合默契吗？你认为他（她）在会见中的作用如何？哪些方面还需要改进？

5. 你是否完全遵守了职业道德？遵守职业道德和达到你的目的之间是否存在矛盾？如果有，你将如何调和这种矛盾？

6. 你认为当事人对会见是否满意？

第 ④ 章 谈 判

第一节 谈判的概述

一、谈判的概念

谈判无处不在，我们购买商品、签订合同需要借助谈判来完成交易，在调解、诉讼活动中也同样贯穿着谈判。谈判是指当人们为同另一方或多方达成一致，代表自己或他人所从事的互动的社会行为。① 在此过程中，双方当事人之间往往充斥着各种矛盾，倘若没有专业的谈判者参与，双方当事人很难协商一致。法律谈判，就是由律师作为代理人参与谈判，借助法律思维、法律知识和法律技能与对方磋商，达成共识并自愿接受谈判结果约束的活动。围绕婚姻、家庭、继承等家事领域的纠纷进行法律谈判即为家事谈判。家事谈判作为家事纠纷领域中最常见的一种纠纷解决方式，与其他替代性纠纷解决机制一样逐渐受到重视。

家事谈判作为解决家事纠纷的一种重要手段，具有以下特征：一是谈判主体往往是双方或多方。谈判主体是指参加谈判的利益主体，与实际参与谈判的人数无关。因此，双边谈判指只有两方当事人参与谈判活动；而多边谈判指由三方或三方以上的利益主体参与谈判活动。② 在家事案件中，较为常见的多边谈判发生在诸如继承、赡养等领域。二是谈判内容多元化。尤其在家事谈判中，谈判的内容不仅涉及财产性权利，也可能涉及人

---

① ［英］黛安娜·特赖布著，高如华译：《法律谈判之道》，法律出版社 2006 年版，第 3 页。
② 陈伟、王茂华、胡朝新：《论法律谈判与调解》，知识产权出版社 2013 年版，第 8 页。

身性权利。以家事案件中的子女探望权纠纷为例，《民法典》第 1086 条对离婚后夫妻双方对子女的探望权作了规定，父母离婚后，不直接抚养子女的一方依法享有对与之未共同生活的子女进行探视、看望、交往之权利。父母双方可就探望权如何行使进行协商并达成一致结果，如探望时间、探望地点、探望方式等。三是谈判基础存在合意，谈判者各方的利益需求是否能完全实现，取决于各方是否能够协商一致且愿意满足对方的利益需求，在此基础上就主要条款达成协议。

二、谈判的模式

（一）对抗式谈判

以维护己方利益为目的或以追求己方成功为目的的传统的对抗式谈判模式日渐式微。对抗式谈判的双方当事人之间形成了鲜明的对立关系，各自均以己方的利益为中心，忽略对方的利益诉求，以至于双方之间缺乏真诚、有效的沟通，取而代之的是双方当事人之间剑拔弩张的紧张局面。这就容易导致两种结果的发生：一是双方各不相让，谈判陷入无法调和的僵局，进入漫长烦琐的诉讼程序；二是一方凭借雄厚的实力形成压倒性的态势，意味着一方谈判取得成功，但是输的一方往往不愿主动履行谈判协议所确定的义务性内容。在家事案件中，对抗式谈判并不被推崇，其原因在于家事案件的解决除了涉及人身利益和财产利益之外，往往夹杂着纷繁复杂的情感纠葛。如果以对抗的方式进行谈判并专门区分获胜一方和失败一方，容易造成案结但事不了、人不和的效果。其结果是不服谈判协议的一方不履行协议所确定的义务，甚至毁约。

（二）合作式谈判

合作式谈判是指双方当事人基于共同的利益基础，展开平等、真诚、充分的对话，并最终达成合作的活动。合作式谈判的主要特征有三：一是基于双方合意，合意是对当事人的客观表示进行解释而形成的一致，强调在尊重双方当事人意思表示的基础上协商一致;① 二是谈判意图直接且真实,双方当事人在谈判进程中所表现出的意图十分明确,陈述的案件事实清楚,无虚构事实的行为;三是追求利益共识,双方当事人就谈判事项扩大协商合作,消解彼此间的分歧,最终达成利益上的共识,避免以损害一方重大利益为代价。② 家事案件是基于婚姻或血缘关系而形成的婚姻家庭关系,是具有物质和人身关系的社会关系,建立在此关系上的纠纷,宜适用非激烈的合作式模式解决。此外,应当警惕严重损害一方当事人合法权益的"合作式"谈判,即家事案件的当事人之间往往具有夫妻或者亲属关系,处于家庭地位绝对强势的一方当事人为了获得利益而借用子女抚养、经济控制等手段去打压长期处于弱势地位的另一方当事人,后者无法与之有效抗衡,最终迫于压力而妥协退让,形成"合作"的局面。

三、谈判的目的

无论是上述哪一种谈判模式,其根本目的是解决谈判双方之间的争议或者消解彼此之间的分歧。但是不同的案件,双方争议的事项有所不同,进而目的亦有所区分:一是谈判者以获取经济性或财产性利益为主要目的,如家事案件中的财产继承与财产分割,未成年子女的抚养费支付与费用变更,赡养费支付与费用变更,以及离婚时提出的经济补偿请求权、经济帮助请求权与精神损害赔偿权等;二是以获得特定权利为目的,如抚养权、探视权、赡养权;三是获得某种心理需求,如侵权案件中消费者要求商家作出赔礼道歉等。③ 尽管目的涵盖的内容千差万别,但可以将谈判的目标看作是为己方争取或追求利益。

围绕家事案件进行谈判主要有两大目的:第一,化解矛盾,获得利益。谈判作为多元化纠纷解决机制之一,与刚性的诉讼方式不同,谈判尤其是合作性谈判强调在商榷、修正以及合意的基础上,满足各方利益需

---

① 冉克平:《论私法上的合意及其判定》,载《现代法学》,2014 年第 5 期。
② 孙淑云、冀茂奇主编:《诊所式法律教程》,中国政法大学出版社 2010 年版,第 190 页。
③ 孙淑云、冀茂奇主编:《诊所式法律教程》,中国政法大学出版社 2010 年版,第 185 页。

求，缓和或化解双方之间的矛盾，达到案结、事了、人和的法律效果与社会效果。第二，家事谈判注重维系亲情以及家庭关系的更生与重建。之所以通过谈判，尤其是合作式谈判的方式解决家事纠纷，是因为家事案件并非仅以获得利益为根本，消除对立、化解矛盾以及更生、重建、稳固良好的家庭关系是家事案件纠纷所追求的价值目标。而谈判作为柔性解决机制适时介入到家事纠纷中，有利于家事案件谈判目标的顺利实现。

四、谈判的要求

（一）谈判活动合法

无论谈判作为一种独立的非诉讼纠纷解决机制，抑或是作为一种手段贯穿于诉讼或调解程序中，谈判活动都必须在法律的范畴内推进。具体而言，一是谈判主体的言语行为必须受到法律的约束，在法律谈判中，禁止使用威胁性、恐吓性的言语提问或者回复对方；二是谈判的整个流程必须遵循法律的规定，在法律谈判中，尤其强调谈判者均有权充分参与议题协商，并获得有序交换信息的权利；[1] 三是谈判形成的协议之内容不得违反公序良俗，亦不得违反法律的强制性规定等。与一般的民事纠纷不同的是，家事纠纷谈判除应在法律的范围内进行之外，还须遵循特有的基本原则。这些原则与法律制度共同构筑了家事谈判的依据，如"最有利于未成年人原则""照顾子女、女方和无过错方权益原则"等。

（二）谈判主观真实

谈判往往被认为是彼此就相关利益进行博弈的过程。在具体谈判过程中，参与谈判的个别主体在协商、沟通过程中，其主观内心与外在行为往往不一致，试图通过虚假的主观意思来遮掩谈判的真正意图。[2] 虽然这种

---

① 陈文曲、常学敏：《法律谈判：现代民事纠纷解决机制的基础——由法律谈判的概念展开》，载《湖南大学学报（社会科学版）》，2019 年第 4 期。

② 陈文曲、常学敏：《法律谈判：现代民事纠纷解决机制的基础——由法律谈判的概念展开》，载《湖南大学学报（社会科学版）》，2019 年第 4 期。

方式可能会为谈判者赢得更多的利益，但其行为可能触及道德底线甚至违反法律规定。以一起离婚案件为例，某律师代表男方当事人与女方就财产分割、子女抚养权问题进行谈判协商，男方律师提出男方有足够的经济能力抚养孩子，女方亦提出抚养孩子的主张，男方律师遂提出只要女方少分财产，男方即可放弃对孩子的抚养权争取，女方为了获得抚养权无奈同意对方律师的建议。在本案件中，男方的真实想法不是打算争取抚养权，但是其以抚养权来设计谈判策略，以实现分割到更多财产又不直接抚养孩子的目的。此案件虽然通过谈判化解矛盾，但实质上并不符合道德要求，也不符合《民法典》所提倡的照顾子女、女方和无过错方权益的原则。因此，在谈判中了解、掌握参与主体的主观真实意思表示是必要的，并不提倡通过营造虚假意思表示达到真实目的的谈判行为。

（三）谈判事实客观

谈判涉及的案件事实及证据要真实可靠。[1] 事实问题是司法行为理论中的基石性问题。如果不解决事实问题，就不可能进行公正的司法判决，司法行为本身的意义就会荡然无存。[2] 以事实为根据，以法律为准绳，是司法活动的一项基本原则。换言之，事实是解决案件纠纷之基础，查清事实有助于纠纷的顺利解决。证据作为证明案件事实的材料，无论是通过诉讼的方式，抑或是非诉讼的方式解决纠纷，证据都是法官、调解员或者谈判者所关注的问题。在家事谈判中，确保证据客观、真实亦是谈判者在商谈、交涉过程中所要遵循的基本原则，禁止以伪造证据的方式获得利益。

---

[1] 陈文曲、常学敏：《法律谈判：现代民事纠纷解决机制的基础——由法律谈判的概念展开》，载《湖南大学学报（社会科学版）》，2019 年第 4 期。

[2] 武建敏：《司法理论与司法模式》，华夏出版社 2006 年版，第 76 页。

第二节 谈判的实施

一、谈判的准备

"凡事预则立，不预则废。"家事谈判的准备与计划是开启谈判的第一个阶段，积极且充分的准备可以助力谈判活动顺利开展。培根曾言："在一切有困难的交涉中，不可希冀一边种下一边收割；而应当对琐事妥为准备，好让它逐渐成熟。"谈判亦是如此。

（一）收集资料，获取主要信息

谈判是谈判者围绕案件争议事项进行沟通、商榷、修正并达成一致意愿的协商活动。作为参与谈判的代理律师，其首要任务是了解案件的基本信息，以达到概览案件全貌的目的。这就需要与当事人进行积极沟通并收集与纠纷相关的材料、证据，以了解案件背景、主要事实。以探望权纠纷为例，律师需要从当事人处了解纠纷的背景，具体包括未成年子女的年龄、未直接抚养一方与子女相处的关系状态，未与对方就探望权达成一致的原因，对方是否存在法律规定的探望权中止情形，等等。

（二）了解当事人的目标或者愿望

在谈判准备阶段，了解当事人的目标或者愿望，对当事人的目标进行评估。并不是当事人所有的目标或者愿望都可以一并实现，因此，对这些目标进行评估并予以排序、分类是十分必要的。具体而言，一是"绝对必要的"，也是真正为"破局"所需的，此类需求或者目标一旦不能被满足或实现，则可能导致谈判陷入僵局；二是"重要的"，此类需求或者目标可以被优先排序；三是"可欲的"，此类需求或者目标不是必须纳入绝对必要需求或目标的范畴，可以视情况舍弃。① 在谈判活动中，谈判者应当根据不同种类的需求或目标，有针对性地设计谈判方案。

（三）拟定谈判计划

谈判计划是对即将发生的谈判活动作出预想与安排。谈判日程安排作为计划的一项主要内容，涉及谈判议题、谈判时间、谈判场所、谈判主体等。日程安排得当有助于后续活动的顺利开展。该计划的另一项主要内容是拟定谈判方案，内容涵盖了己方最优方案与可选择方案、理由分析，以及对方可能的方案、理由分析。需要注意的是，谈判方案并不是唯一的。基本方案确定之后，对基本方案予以可行性分析，此过程也是一个激发创造新方案的过程，通过确定基本方案中每个选项隐藏的原理和理论，再找寻能够实现相同结果及其他类似的合理选项。② 最终将不同的选项排列组合，灵活拟定多个可行性方案，从而通过创造更多的不同方案来满足当事人的需求。

二、谈判的过程

（一）谈判的初始阶段——确认各方信息与圈定谈判范围

谈判初始阶段可能是各方谈判者首次见面的第一个时间节点，在此阶段以了解对方身份信息以及圈定谈判范围为主。在谈判开启之后，双方参与者应当简明扼要地介绍各自的基本信息。在此之后，双方着重就谈判的内容进行讨论，进一步梳理法律关系并圈定谈判的基本范围。一般而言，常见的家事案件涉及离婚及财产分割纠纷、抚养权纠纷、探视权纠纷、赡养纠纷、扶养纠纷、收养关系纠纷、遗产继承纠纷、同居关系纠纷等。

在此阶段，主要是双方参与者进行陈述与倾听。由双方当事人分别就

---

① ［美］拉里·L. 特普利著，陈曦译：《法律谈判简论》，中国政法大学出版社 2017 年版，第 87 页。

② ［美］拉里·L. 特普利著，陈曦译：《法律谈判简论》，中国政法大学出版社 2017 年版，第 89 页。

案件信息、案件缘由、主要诉求等内容进行轮流陈述。陈述既是当事人释放案件信息的重要方式，也是谈判者获取有效信息的重要方式。作为倾听者，要积极地倾听并适当地作出回应。譬如，在对方展示自己的需求或目标时，给予一定的尊重和同情；有效重复对方的表述，引导对方将真正的观点明确表达出来；允许对方情绪的宣泄；等等。[1]

（二）谈判的磋商阶段——争点整理与磋商

争点整理与磋商是谈判的核心。该阶段的主要任务是在各方谈判参与者轮流进行陈述的基础上，最终明确争议的核心事项。争点整理是对案件事实与证据的梳理与分析，即双方通过案件信息的全面收集与分析以及案件证据的全面收集与固定，厘定争议的焦点，亦可借此机会进一步了解对方的需求，分析各自的优势与劣势。这不仅有助于谈判进程的顺利推进，也有利于双方围绕争点有序交涉和传递信息。这在一定程度上既提升了谈判效率，又确保了谈判质量。

案件争点确定之后，由各方当事人及参与谈判的律师进行磋商。往往开局先由各方提出各自的最初方案，再由各方说服对方接受利于己方的方案。这是一个"讨价还价"的过程，一般要经过"谈判—收集信息—提出新方案—再谈判"的循环过程。[2] 争点处理往往以找寻共同的利益基础的方式来实现。家事案件的利益基础体现在未成年人最佳利益、家庭成员间深厚的亲情利益等利益基础上。在磋商过程中，应当以事实为根据，以法律为准绳，以共同利益为基础，实现协商共赢的局面。对于暂时无法调和的争议内容，可以先进行其他争议内容的协商，并就已协商一致的事项先行拟定协议。其他分歧较大的内容，可以作为重点事项进入下一轮谈判。

（三）谈判的终局阶段——协议拟定

经过各方多轮谈判，其自身的利益需求或者目标已基本实现，便可以

---

① 许身健主编、袁钢副主编：《法律诊所》，中国人民大学出版社 2014 年版，第 241－242 页。

② 韩德云、袁飞主编：《法律谈判》，法律出版社 2018 年版，第 222 页。

协议的形式将具体事项固定下来。协议内容的设定灵活开放,既可以囊括谈判范围内的事项,也可以一并将谈判范围外的其他协商一致的相关事项纳入本协议。但是协议的内容不得违反法律规定,不得损害国家利益、社会公共利益、第三人利益以及社会公序良俗。针对家事案件谈判形成的协议,除不得违反上述法律规定、公共秩序及善良风俗之外,还应当遵循家事法中的特有原则。诸如"儿童利益最大化"原则,"均等分割下照顾女方"之财产分割原则,"养老育幼,照顾无劳动能力又无生活来源者"之遗产继承原则等优先保护弱势群体与维系家庭稳定的原则。

三、谈判的结果

谈判结果包括谈判失败和谈判成功两种。谈判失败表现为双方未能协商一致、达成共识,不得已提前结束谈判进程。造成谈判失败的原因有很多,谈判者在磋商过程中应避免分歧扩大,尽量找寻缩小分歧的基础或者为此创造有利条件,避免陷入谈判僵局,甚至遭遇分崩离析的局面。这就要求谈判者在各个阶段分析和预判局势,在技法的运用上灵活娴熟。谈判成功的案件,则需由双方签署谈判协议。谈判协议是由双方当事人在协商一致的基础上拟定的,反映了双方对案件结果的认同与遵循,并自愿受到谈判协议结果的约束,双方当事人应当全面履行协议所确定的义务性内容。

家事纠纷中的双方当事人通过谈判平等交涉、定分止争。对双方而言,是一个双赢的结果,但难免出现双方或其中一方反悔已达成的谈判协议。其原因可能是协议中涉及的各方主体利益不平衡、结果不公平,当事人放弃谈判协议。虑及谈判的非司法化及非规范化,法律并不禁止谈判者寻求公力或者其他私力的救济方式解决纠纷。

四、谈判的文书

谈判计划书①
谈判主题：
谈判主体：
谈判背景：
谈判场所选择：
谈判日程安排：
谈判方案： 1. 实现家事目标的可能性分析 2. 家事谈判之己方最优方案与可选择方案、理由分析 3. 家事谈判之对方可能的方案、理由分析 4. 家事谈判方式的选择 5. 家事谈判的主要事项、次要事项 6. 家事谈判其他注意事项
谈判程序： 1. 家事谈判的初始阶段 2. 家事谈判的磋商阶段 3. 家事谈判的终局阶段
家事谈判僵局的可能性分析以及打破策略
家事谈判突破底线之解决方案： 1. 无替代性解决方案 2. 有替代性解决方案
家事谈判协议形成之注意事项

---

① 许身健主编、袁钢副主编：《法律诊所》，中国人民大学出版社 2014 年版，第 244 页。

第三节 谈判的实训

一、家事案件实训案例一

2017年1月，刘某（女）与李某（男）经人介绍认识并结婚，2018年年初生育一子名为李小某。2018年李某外出打工，长期不回家，两人感情就此出现裂痕。2019年年初，李小某随母亲刘某回娘家居住生活。2021年3月，刘某向法院起诉请求离婚，同年5月法院判决不准离婚。2022年4月，刘某再次向法院提起诉讼，请求法院判决双方离婚，孩子由自己抚养，平分夫妻共同财产，并要求在财产分割之外由李某向其给付离婚经济补偿金5万元。其原因是自从双方结婚之后，李某除了工作，其他家庭事务几乎从不关心和参与。而刘某自婚后负责料理全部家务，并且为更好照顾孩子和李某的成年失智弟弟而辞去工作。李某同意刘某的部分主张，但不同意支付离婚经济补偿金。为有效化解矛盾，法官在庭前进行调解，双方当事人分别委托代理律师参与调解，就争议事项进行谈判。

【实训项目】

围绕离婚纠纷，进行法律谈判。

离婚的法律后果往往涉及夫妻共同财产分割、夫妻共同债务与夫妻个人债务、父母与子女的关系，以及离婚经济补偿、离婚经济帮助、离婚损害赔偿等。本案件的争议焦点是离婚经济补偿。离婚经济补偿制度也称为家务劳动补偿制度，相关规定见《民法典》第1088条，该条制度建立在第1087条规定之"分割夫妻共同财产"的基础上，作为一个独立的请求权。根据法律规定，一方对对方享有法定补偿请求权须符合两项条件：一是以离婚为前提；二是请求权人因抚育子女、照料老人、协助另一方工作等负担较多义务。离婚经济补偿制度设立的初衷在于对家庭付出较多义务、作出较大贡献的一方，给予经济上的补偿。在现实生活中，往往是女方出于照顾家庭的考虑辞去工作，丧失收入来源。因此，对处于弱势地位的一方给予经济上的补偿，在一定程度上保障了妇女的基本权益。

【实训步骤】

步骤一：将学生分成若干组，其中一人为观察员，两人分别扮演刘某、李某，另外两人分别扮演代理律师。

步骤二：由双方律师代表当事人进行谈判，观察员进行观察，教师巡回观察各组情况。

步骤三：观察员汇报本组谈判情况，其他人员可作补充。

步骤四：评估。

二、家事案件实训案例二

原告张某（女）、被告刘某（男）经人介绍认识并于 2013 年 10 月登记结婚，婚后双方育有一女名为刘小某。原、被告双方婚前感情尚可，但婚后经常发生矛盾，两人于 2021 年 1 月协议离婚并约定：刘小某归张某抚养，刘某享有探望权，探望时间为每月一次、每次一天；逢元旦、端午、中秋、国庆，刘某可以在中午饭前接子女外出吃饭，每次 6 小时；逢寒、暑假，刘某分别享有一天的探望时间（不含在每月一次探望时间中）。刘某在探望期间多次计划带子女到省外度假出游，但因探望期限过短而未能实现。在此之后，刘某认为每年探望的时间过短，探望方式过于单一，在一定程度上阻碍了父亲与子女之间的情感沟通与维系，遂于 2022 年 4 月向法院提起诉讼，请求法院判决其有权随时探望子女，并延长每次探望的时限。在开庭之前，双方当事人及其代理律师围绕探望时间、探望方式等争点进行磋商、谈判。①

---

① 最高人民法院案例指导与参考丛书编选组编：《最高人民法院婚姻家庭、继承案例指导与参考（第二版）》，人民法院出版社 2021 年版，第 307 - 308 页。

【实训项目】

围绕探望权纠纷，进行法律谈判。

探望权作为离婚后不抚养子女一方接触、交往子女的重要法定权利，法律赋予了不直接抚养一方通过行使该权利关怀、融入子女的重要成长中，弥补子女的情感缺失，满足父母与子女之间的情感需要。[①] 在本案中，虽然双方以协议离婚的方式确定了父母一方对子女探望的时间和方式，但并不影响一方就探望权提起诉讼，请求调整探望时间和方式。法律并未就探望时间、方式的确定和变更作出明确规定，但从《民法典》《未成年人保护法》的立法本义与精神来看，"未成年人利益最大化"是解决探望权纠纷的价值导向。除此之外，《儿童权利公约》第 3 条明确规定："关于儿童的一切行动，不论是由公私社会福利机构、法院、行政当局或立法机构执行，均应以儿童的最大利益为一种首要考虑。"因此，探视时间及方式的安排与协商，应遵循"儿童利益最大化""尊重未成年子女意愿"的基本原则，并结合子女的年龄、父母的基本情况以及实现的难易程度等具体因素，形成各利益主体可接受的探视协议。

【实训步骤】

步骤一：将学生分成若干组，其中一人为观察员，两人分别扮演张某、刘某，另外两人分别扮演代理律师。

步骤二：由双方律师代表当事人进行谈判，观察员进行观察，教师巡回观察各组情况。

步骤三：观察员汇报本组谈判情况，其他人员可作补充。

步骤四：评估。

三、家事案件实训案例三

1991 年，张某为位于 A 市的某房屋办理了宅基地使用权证，其被登记

[①] 最高人民法院民法典贯彻实施工作领导小组主编：《中华人民共和国民法典婚姻家庭编继承编理解与适用》，人民法院出版社 2020 年版，第 298－299 页。

为宅基地使用权人，使用权审核表中另外写有张某的妻子王某和儿子张某强的名字。张某强于 2005 年突然去世，张某强的妻子李某遂带 6 岁的女儿张小某搬离此处。2007 年，身患重病的张某订立遗嘱，并指定妻子王某作为唯一的继承人。第二年，张某去世。2009 年，该房屋因土地征用而被拆迁，获得补偿款合计 41 万元，其中包括房屋补偿款和其他补偿款 15 万元，搬家补助、安置补助等费用 2 万元，宅基地使用权补偿款 24 万元。李某得知此事后，与女儿张小某作为原告将王某起诉至法院，要求平分 41 万元补偿款。法院对这起纠纷先行调解，李某、王某及其代理律师共同参与了本次协商活动。①

【实训项目】

围绕继承纠纷，进行法律谈判。

本案是一起农村宅基地房屋拆迁补偿引发的继承纠纷，其中涉及三大争议：一是遗嘱的效力问题；二是农村房屋作为遗产之分割问题；三是宅基地使用权能否作为遗产继承。就遗嘱的效力问题而言，张某订立的遗嘱是否违反《民法典》第 1141 条关于必留份的规定，即该遗嘱对缺乏劳动能力又没有生活来源的张小某未保留必要的遗产份额，由此引发的遗嘱有效与否是本案的第一个争点。就农村房屋作为遗产的分割问题而言，地上物补偿归属于房屋权利人，权利人去世的，则按继承关系处理。而房屋权利人的确定凭借宅基地使用权证和审核表来证明。结合案件事实，房屋共有权人的认定以及房屋作为遗产的分割是本案的第二个争点。就宅基地使用权继承问题而言，鉴于该权利的身份依附性较强且以户为单位，当户人口减少后，该权利则由剩余成员享有、使用。因此，宅基地使用权及基于此权利获得的征收补偿款能否作为遗产继承是案件的第三个争点。此外，本案还涉及法定继承、代位继承等制度，应按照现行法律规定进行处理。同时，在具体的继承过程中应当贯彻以下基本原则：一是保护私有财产继

① 陈枝辉编著：《婚姻家庭继承纠纷疑难案件裁判要点与依据》，法律出版社 2021 年版，第 1289 – 1290 页。

承权原则；二是继承权平等原则；三是养老育幼、照顾无劳动能力又无生活来源者的原则；四是权利与义务相一致原则。[1]

【实训步骤】

步骤一：将学生分成若干组，其中一人为观察员，两人分别扮演王某、李某，另外两人扮演代理律师。

步骤二：由各方律师代表当事人进行谈判，观察员进行观察，教师巡回观察各组情况。

步骤三：观察员汇报本组谈判情况，其他人员可作补充。

步骤四：评估。

四、家事案件实训案例四

1990 年 2 月，原告张某骑车回家的路途中，在村口的桥头上捡到一名刚出生的男婴，遂起怜悯之心将男婴抱回家。在 1990 年 3 月，张某为该男婴申报上了户口，并登记在户籍名下，关系为"长子"，取名张小某。原告夫妇张某、许某含辛茹苦将张小某养大成人，供其大学毕业，并帮助其于 2020 年 1 月成家。婚后的张小某一改往日的态度，不仅怠于履行赡养义务，而且对妻子打骂父母的行为也不予制止。在随后的两年中，张小某也参与了妻子对父母的打骂事件，两位老人身心遭到打击，后迫于无奈而长期租住在本村村民提供的破屋之中。随后，两位老人将张小某起诉至法院，要求解除双方之间的收养关系，并支付生活费和教育费补偿金共计 20 万元。法院对这起纠纷先行调解，两位老人与张小某及其代理律师共同参与了本次协商活动。[2]

---

[1] 房绍坤、范李瑛、张洪波编著：《婚姻家庭继承法》，中国人民大学出版社 2021 年版，第 159－161 页。

[2] 最高人民法院案例指导与参考丛书编选组编：《最高人民法院婚姻家庭、继承案例指导与参考（第二版）》，人民法院出版社 2021 年版，第 275－276 页。

【实训项目】

围绕收养关系纠纷，进行法律谈判。

收养关系解除被规定在《民法典》第 1114 条至 1118 条，规定较为详尽。其中，因父母与成年养子女关系恶化、无法共同生活的，双方可以协商一致解除收养关系，协商不能实现的，可以向人民法院提起诉讼。对于收养关系解除后的财产处理因解除关系的原因不同而区别处理，针对因养子女成年后虐待、遗弃养父母而解除收养关系的，除应给付生活费外，还可主张补偿收养期间支出的抚养费。在本案中，两位老人收养张小某并未办理登记手续，但并不影响该收养关系的成立。其原因是收养行为发生在 1990 年 12 月，即《收养法》施行之前，并且其所在村委会、邻居及其亲友提供了两位老人养育张小某的证明，因此，本案的收养关系成立。被抚育长大成人的张小某并未对其养父母抱有感恩之心，不仅未能履行赡养义务，甚至与妻子共同对养父母实施辱骂、殴打等行为，对两位老人的身心造成了严重伤害。该行为不仅与尊老敬老的中华民族优良传统美德相悖，也违反了《民法典》关于赡养法定义务的规定，严重者可能要承担刑事责任。在本案中，解除双方的收养关系是维护老人合法权益的重要手段，解除收养关系后的生活费和教育费补偿金是谈判中的核心焦点。

【实训步骤】

步骤一：将学生分成若干组，其中一人为观察员，三人分别扮演张某、许某、张小某，另外两人扮演代理律师。

步骤二：由双方律师代表当事人进行谈判，观察员进行观察，教师巡回观察各组情况。

步骤三：观察员汇报本组谈判情况，其他人员可作补充。

步骤四：评估。

第四节　谈判的评价

一、谈判评价

根据谈判的实训内容，评价主要包括以下四个方面：首先，自我评价，即学生对其在谈判中的表现进行评价。其次，当事人评价，即当事人（学生）对学生作为律师的谈判表现进行评价。再次，观察员评价，即作为观察员的学生对谈判流程及能力进行评价。最后，教师评价，即教师对整个实训过程进行的综合性评价，具体评价家事谈判的准备计划是否充足、家事谈判应变能力是否足够、家事谈判计划是否完整等。

【谈判评价表】

	评价内容/得分	1	2	3	4	5	6	7	8	9	10	总分
学生评价	自我评价											
	当事人评价											
	观察员评价											
	教师评价											

二、谈判改进

1. 你运用谈判技巧的效果是否良好？如果否，下次谈判时将如何改进？

2. 你在谈判中，法律和事实两方面准备是否充分？如果否，下次谈判时将如何改进？

3. 你与对方谈判的效果如何？哪些因素影响了谈判效果？

4. 你在谈判中的何处陷入了僵局，原因及其应对策略有哪些？

5. 你与搭档配合是否默契，你认为他（她）在谈判中的作用如何？哪些方面还需要改进？

6. 你认为当事人对谈判结果是否满意？如果否，请解释原因。

第 5 章 调 解

第一节 调解的概述

一、调解的概念

调解是指以当事人为中心、第三方居间调处纠纷的活动。对于家事纠纷的解决，调解制度具有独特的优势。在家事调解中，家事调解员作为中立的第三方，为当事人提供法律支持、沟通技巧、心理咨询等帮助，辅助当事人克服情感障碍，帮助当事人理性思考、谨慎考虑家庭关系与纷争，提高当事人自主决策能力，促成各方友好协商，以便达成各方均能接受的调解方案。

家事纠纷的调解主要有法院内调解和法院外调解两种渠道。法院内调解是指家事法院（庭）法官主持下的调解，包括诉前调解和诉中调解。相较于审判，法院内进行的家事调解更注重法理情的融合，更能体现司法刚性与柔性关怀。法院外调解则是指由法官以外的其他人或组织对家事纠纷进行的调解。我国尚未针对家事纠纷的民间调解设立专门的机构，主要是由妇联、人民调解委员会、村（居）委会、律师等机构或人员负责相关的调解工作。

法律诊所的教学与实训以指导学生实际参与法院外家事调解为主，并且侧重于讲授人民调解员或律师主持家事调解的技巧和方法。无论是作为人民调解员还是以律师身份主持调解，在进行家事调解时均应遵循自愿平等、合理合法、保守秘密等工作原则。

家事调解涉及的纠纷具有身份性、隐私性、非理性等特点，调解家事纠纷需要做的工作并不比诉讼少，对调解员的素质要求也比较高。面对不同类型的家庭纠纷、不同性格特点的当事人，调解员有必要采取不同的调解策略。调解员不仅要具有解决家事纠纷所需的知识和经验，还需要掌握一定的冲突处理方式和技巧。

二、调解的方式

根据纠纷的法律性质、难易程度和发展变化情况，可以采取直接调解、间接调解或者两者相结合等方式。直接调解是指调解员把纠纷当事人召集到指定场所，让各方当事人面对面表达态度和要求，从而寻求共识的调解方式。直接调解一般适用于案情简单、事实清楚、分歧不大的纠纷。但是，如果纠纷矛盾并非仅限于当事人之间，则不宜使用直接调解的方法。对于案情较为复杂的纠纷，若经调解员努力，当事人情绪逐渐稳定，分歧逐渐缩小，也可以采取直接调解的方式。

间接调解是指借助纠纷当事人和调解员以外的其他人员的力量开展调解的方式。在家事调解中，这些人员往往包括与当事人亲近的其他家庭成员、亲属、邻里、同事、所在社区基层组织工作人员、妇联干部等。若当事人有意调解纠纷，却不认同、不信任调解员，对调解员怀有强烈的戒备心，甚至认为调解员是激化矛盾、加大分歧的罪魁祸首，则应先避免与当事人接触，由其他人员对当事人劝解、说服、教育，待其放下戒备、回归理性后，再由调解员出面推进家事调解进程。

三、调解的目的

实现家庭和睦、维护婚姻稳定是许多国家相关家事法律的立法指导思想。英国法律委员会认为，应最大限度地鼓励离婚双方达成调解，且司法程序设置"不能妨碍此目的的实现"[1]。由此可见，家事调解的基本目的在于

---

[1] The Law Commission, *Reform of the Grounds of Divorce: The Field of Choice*, 1966, No. 6, Paras. 15 and 16. 转自王德新：《家事审判改革的理念革新与路径调适》，载《当代法学》，2018 年第 1 期。

促进当事人沟通、解决双方纠纷。家事纠纷与普通民商事纠纷有所不同，其非一个简单的契约关系。家事案件涉及更多难以割舍的亲情、血缘和伦理道德，是根深蒂固于夫妻之间、亲属之间的一种情感与心理上的纠纷。[①]

美国学者戈尔丁提出，全面治疗是解决家庭矛盾的最佳途径，特别是对于因个性差异和"心理不兼容"而产生的家庭矛盾，尤其在那些更愿意接近对方且情绪敏感的人之间更为明显。最佳的例子就是寻求一种细致入微的、产生深刻心理变化的家庭治疗方式，它可以调和冲突双方的个性与人格，消除纠纷产生的根源。[②] 家事调解作为一种以当事人为中心的纠纷解决机制，不仅要解决双方家事矛盾，还应注重纠纷当事人的心理和情绪，给予当事人足够的尊重与关怀，同时要充分考虑家事第三人的利益。特别是未成年子女的权益保护，帮助纠纷当事人克服情感障碍、理性思考，妥善和气解决家庭纠纷，实现定分止争、案结事了，彻底地、成功地解决家庭纠纷。

四、调解的要求

诊所学生作为准调解员参与调解工作，需要遵守以下几项基本要求。

（一）尊重自愿

意思自治是民事案件处理的基本原则，家事调解的程序和结果应当充分尊重当事人意思自治。调解程序的自愿性体现为以下几个方面：第一，自主决定接受、拒绝或终止调解，任何人不得强迫当事人进行调解；第二，自主决定调解员，任何一方当事人都可以自主选定调解员以及接受或拒绝接受指定的调解员；第三，自主决定公开或者不公开进行调解。

调解结果的自愿性，是指是否达成调解协议以及达成怎样的调解协议，完全取决于当事人的自主意志。调解员可以提出建议方案供当事人选择，但不能替任何一方作出重大决定。但是，调解员如果发现当事人之间

---

① 陈爱武：《家事法院制度研究》，北京大学出版社 2010 年版，第 42 页。
② ［美］戈尔丁著，齐海滨译：《法律哲学》，三联书店 1987 年版，第 225 页。

存在恶意串通，借调解侵害他人合法权益的，或者借调解拖延诉讼并进行隐藏、转移、变卖、损毁共同财产行为的，应立即停止调解，并及时告知当事人通过法律途径解决纠纷。

（二）地位中立

调解员的中立要求有两层含义：一是在外在形式上，调解员与双方当事人不存在法律上的利害关系，调解员不代表任何一方当事人，也不偏袒任何一方当事人，公平、公正地对待双方当事人，否则当事人可以申请调解员回避；二是在调解内容上，调解员不能直接或间接地对当事人进行评价，亦不能使用专门知识去影响当事人作出某项决定，应确保当事人的主体性。

地位中立要求调解员不得有偏袒任何一方或作出不利于任何一方的行为。律师作为调解员调解时，尤其需要抛弃追求一方当事人利益最大化的思维模式，应站在中立的立场上为调解双方寻找最佳的解决方案。但家事纠纷常常涉及妇女、儿童、老人等弱势家庭成员的利益保护问题，调解员很容易基于感性思维而偏离中立要求。总之，调解员有责任促使双方考虑弱势者的最佳利益，提出符合法律规定的倾向于保护弱势者的调解方案，但其言谈、行为和表现上不可有任何偏袒和偏见。

（三）处事公正

对家事调解员处事公正的要求主要包括三方面的含义：一是不得表明个人立场和个人喜好，不可因当事人的背景、社会地位、宗教信仰等产生歧视；二是不得对当事人的立场或主张发表意见；三是不得索取、收受财物或谋取其他不正当利益。

（四）保守秘密

开展调解活动应注意对当事人的隐私进行保密，对于一些私密性极强的交谈内容，可以不载入调解协议书。调解员不可对外透露任何有关实体和程序的情况，但涉及侵害国家利益、社会利益、他人合法权益以及当事人有自杀倾向的情形除外。

第二节　调解的实施

法院外调解的启动一般有两种情形：一是当事人以口头或书面的形式主动申请调解；二是人民法院、公安机关等部门在经过当事人的同意后，将纠纷移送至人民调解委员会或律师调解工作室进行调解。作为准调解员，诊所学生的工作内容通常包括协助进行调解前的准备工作、参与全程调解、做好笔录以及撰写调解文书等。

一、调解的准备

（一）调查纠纷与当事人状况

调解员只有较为全面掌握纠纷与当事人的状况，才能有针对性地展开调解。为此，诊所教师与学生可以通过询问当事人、关系人、知情人及周围群众等方式，事先开展调查。事前调查可以围绕以下情况：（1）纠纷的性质、争点、产生的原因、发展过程及目前所处状态；（2）证据情况及证据来源；（3）当事人及其子女的基本情况，包括婚姻状况、受教育情况、工作及收入情况、身体状况、对未来计划以及当事人之间的关系；（4）当事人请求的内容、对纠纷的态度及性格特征。诊所学生应先将搜集到的原始书证、物证等证据进行系统性梳理。

（二）评估调解可行性

只有在当事人都同意调解，同时专业的调解员在深入分析具体案情后也认为适合调解的情况下，调解程序才能真正被开启。[①]为使调解能够顺利地开展，诊所教师与学生需要根据获取到的资料与证据，先对纠纷进行客观的评估。评估开展调解的可行性，可以从以下三个维度展开：

---

① 范愉：《非诉讼纠纷解决机制研究》，中国人民大学出版社 2000 年版，第 208 页。

（1）纠纷是否已经解决？如果纠纷已由人民法院、公安机关或者其他行政机关受理或者解决，应向当事人说明不予调解的理由，并将材料移交相关部门。

（2）纠纷是否属于可以调解的事项？参照《最高人民法院关于适用〈中华人民共和国民事诉讼法〉的解释》143 条，即"适用特别程序、督促程序、公示催告程序的案件，婚姻等身份关系确认案件以及其他根据案件性质不能进行调解的案件，不得调解"等规定，如果发现纠纷涉及对身份、收养、婚姻等客观事实的认定等情况，应该告知当事人通过诉讼途径另行解决。

（3）纠纷是否适合以调解方式解决？例如，在家庭暴力案件中，施暴一方总是认为自己在家庭中处于特殊地位，不认为自己应与其他家庭成员一样承担相互平等的义务和责任。考虑到双方地位和能力并不对等，所以不推荐采用调解方式解决纠纷。

（三）协助当事人选择调解员

调解员须具备两方面的职业素养：一是具有解决案件所需的知识、经验和能力。《人民调解法》第 14 条规定，人民调解员要具备一定文化水平、政策水平和法律知识。二是能够付出相应的时间、精力并能够积极促进调解案件的进行。在确认当事人有调解意愿后，诊所学生应询问各方当事人是否指定调解员，如不指定，则应协助当事人从调解员名录中选定调解员。

诊所教师和学生还可以在征得当事人同意后，邀请以下两类人员参与调解：（1）根据家事纠纷的性质、特点以及具体情况，邀请具备心理学、法学、社会学、教育学相关专业背景的专业人员参与；（2）邀请当事人的亲属、邻里、领导、同事等参与调解，帮助当事人克服非理性因素影响，促进当事人理性决策，达成双方均能接受的解决方案，真正实现家事调解的目的。

（四）拟定调解方案

调解方案是处理家事纠纷的宏观策略，既要关注纠纷当事人的权利义务背后的利益纠葛，也要留意当事人的情感与心理；既要着眼于当前冲突的解决，也要立足于社会关系的持续与长期性发展。提前拟定调解方案可以增加诊所学生主持正式调解的自信心。诊所教师可以从以下三个步骤引导学生拟定调解方案：

（1）判断纠纷类型，归纳争议焦点。诊所教师有必要事先组织学生对纠纷性质进行初步分析判断，讲解不同家事法律关系的调解重点。在明确纠纷类型后，教师可指导学生列出当事人争点，并尝试引导学生发现纠纷各方当事人诉求的共同点和分歧点。

（2）探索调解方向，制定调解计划。诊所学生可以基于自己对纠纷的判断，在讨论中提出关于调解方向方法的意见，但应把握以下几点：一是可操作性，即必须充分考虑实现调解目的的可能性，制定容易为各方当事人接受的方案；二是公平性，即必须全面考虑各方的利益，设计无明显倾向性的调解方案；三是多维性，即充分考虑可能会出现的一些影响调解进程的情况，特别是考虑调解失败时应如何进行下一步工作。

（3）明确调解时间，选定调解场所。家事纠纷当事人在调解中往往夹杂着复杂的情感因素，为舒缓当事人的激烈情绪，帮助当事人克服情感障碍，可以为纠纷当事人营造和谐、温馨的调解氛围。在调解地点上，可以在便利当事人的场所上进行。如果条件允许，可以选择有利于舒缓情绪的装修风格、家庭氛围浓厚的家事调解室。还可以用更加中性化的"丈夫""妻子""父亲""母亲"等称呼代替冷冰冰的"原告""被告"，减少双方当事人的对立和紧张情绪，为构建和谐平等的家庭氛围奠定基础，有利于促进当事人之间矛盾的化解。

二、调解的过程

调解的过程可以分为启动、聚焦、破冰、收尾、回访五个阶段。

（一）启动阶段：介绍调解规则，确认调解需求

在调解启动阶段，诊所学生应主动核实当事人及其他参与人的身份，征询当事人是否同意调解以及是否申请回避，并记入笔录。同时，应当以口头或者书面形式告知当事人调解的性质、原则和效力，以及当事人在调解活动中享有的权利和承担的义务。[①] 在家事调解中，往往涉及未成年子女抚养等问题，还应提醒当事人对未成年子女利益保护的重要意义，向当事人介绍在调解中可利用的服务（如心理咨询等），以便后续调解程序的顺利开展。

（二）聚焦阶段：引导陈述案情，了解各方立场

调解员应充分尊重当事人的意愿，保障参与纠纷解决的双方当事人的陈述权，平等地为当事人分配陈述的时间，并且不得对双方诉争情况进行评论。该阶段主要是让纠纷当事人了解对方的想法和感受，帮助当事人消除情绪影响，重新认识彼此关系，冷静客观地面对彼此之间的关系以及家庭情况，以挽救或者增进彼此的感情。在这一阶段，当事人可能会从立场的陈述突然转变为感情的宣泄，情绪往往变得不稳定，甚至可能会表现出抑郁、暴怒等不受当事人自主控制的一些生理反应。因此，调解员要根据具体情况予以特定对待与处理，选择合适的调解方法：

（1）冷却降温法。针对脾气暴躁、容易冲动失去理智的当事人，调解员应临危不乱、冷静思考。调解员应先分开各方当事人，让当事人冷静下来，耐心对当事人分别做思想工作，从直接调解转换成间接调解，并分别加以心理辅导，待纠纷当事人心平气和后，抓住有利时机，促成调解。

（2）换位思考法。在调解过程中，当事人往往想尽办法实现自身利益的最大化，"钻牛角尖"，互不让步，导致调解进入僵局。此时，可以引导双方当事人转换角色，站在对方立场理性思考。

（3）扶正祛邪法。针对当事人胡搅蛮缠、无理取闹、混淆是非、掩盖

---

① 《人民调解工作若干规定》（司法部令第 75 号）第 30 条。

事实等行为，调解员要保持中立客观，不要被表面现象所迷惑，找准纠纷争议的焦点所在，对症下药，进行调解。

（4）亲友疏导法。针对性格直爽、为人正直、注重情谊的当事人，调解员要善于运用亲情、友情和法律手段对纠纷当事人进行心理疏导，在亲情、友情的感化下达成调解。对于情绪过分激动、心理出现问题的当事人，应及时由具备心理学知识和经验的调解员进行对接，对其进行专业性的指导和治疗，待其心理状况恢复正常再继续调解。

（5）案例引导法。如果当事人对纠纷解决的方向明显缺乏主见，可以运用调解成功的相似案例，以案说法，引导当事人结合案例理性决策。

（三）破冰阶段：归纳争议焦点，寻求解决方案

在充分听取当事人陈述事实、申述观点和要求，并确认敌对防备等情绪已消解，当事人能够以平和的心态继续进行调解之后，诊所学生可以着手厘清纠纷主要利益诉求焦点，促进当事人互谅互让、平等协商，协助当事人自愿达成协议。

（四）收尾阶段：确认协调结果，起草调解文书

诊所学生应帮助记录争议事项和调解情况，并交给各方当事人签字确认。经调解，各方当事人达成一致意见的，诊所学生还应协助起草调解协议，交给各方当事人签名、盖章或按指印，并告知当事人可在三十日内共同向调解组织所在地基层人民法院或者人民法庭申请确认其效力。[①]

（五）回访阶段：督促协议履行，巩固调解成果

经人民调解委员会等具有调解职能的组织调解达成的协议，系具有法律约束力的民事合同，当事人应当履行。[②] 调解员应当鼓励和引导当事人

---

① 《人民调解法》第 33 条、《最高人民法院　司法部关于开展律师调解试点工作的意见》第 12 条。

② 《人民调解工作若干规定》（司法部令第 75 号）第 5 条、《最高人民法院关于进一步贯彻"调解优先、调判结合"工作原则的若干意见》（法发〔2010〕16 号）第 29 条。

及时履行协议，并如实告知当事人若无正当理由拒绝或者拖延履行的，调解和执行的相关费用由未履行协议一方当事人全部或部分负担。诊所学生可以适时进行跟踪回访，了解协议履行情况，探访是否出现新的家事纠纷、是否再次发生家庭暴力等，并做好说服劝导工作。

三、调解的结果

（一）达成调解协议

调解协议内容应当为当事人的真实意思表示，并符合法律规定，不得侵害国家利益、社会公共利益，不得违反社会公序良俗，亦不得侵害案外人利益，否则协议无效。当事人申请确认调解协议，应当向人民法院提交司法确认申请书、调解协议、身份证明、资格证明，以及与调解协议相关的财产权利证明等证明材料，并提供双方当事人的送达地址、电话号码等联系方式。委托他人代为申请的，应向人民法院提交由委托人签名或者盖章的授权委托书。①

（二）未达成调解协议

在调解过程中，如果纠纷当事人经沟通协商依然未达成一致意见，应当终止调解，并依据相关法律规定，告知纠纷当事人可以再次申请调解或依法通过仲裁、诉讼等途径维护自己的权利。② 在调解程序中当事人作出的任何陈述与让步，均不能作为裁判程序认定事实的基础。如果未达成调解协议，调解员可以在征得各方当事人同意后，以书面的形式记载调解过程中双方没有争议的事实，并由当事人签字确认。在诉讼程序中，除涉及国家利益、社会公共利益和他人合法权益的外，当事人无需对调解过程中已确认的无争议事实举证。③

---

① 《最高人民法院关于人民调解协议司法确认程序的若干规定》。
② 《人民调解法》第 26 条。
③ 《最高人民法院关于人民法院进一步深化多元化纠纷解决机制改革的意见》第 23 条。

（三）调解和解

经调解，纠纷当事人之间消除隔阂，双方矛盾化解，家庭关系得以修复，达成和解的，应当由纠纷当事人撤回调解申请，调解员记录在案，并由纠纷当事人签字确认。

四、调解的文书

在调解活动中，涉及的文书主要有调解笔录和调解协议书两种，其内容和效力并不一样。调解笔录是对调解过程的文字记录，调解协议书则是对双方合意达成的方案的记录，后者对双方当事人具有法律约束力。

（一）调解笔录

调解笔录反映了纠纷的基本事实和当事人协商谈判的情况。无论纠纷当事人最终是否调解成功，都应制作调解笔录。如果调解成功，当事人选择不另行制作调解协议书，调解结果可以直接记入调解笔录，只要经双方当事人、调解员签字后即可生效，对双方都有约束力。如果纠纷当事人期望调解的结果能产生强制执行力，则应制作调解协议书，以便当事人依法申请司法确认。我国法律规定对调解笔录的内容和形式并没有明确要求，但在实务操作中，调解笔录一般包括调解时间、地点、事由、当事人、调解员等基本情况，还可以记载调解过程事实情况以及调解结果等内容。

（二）调解协议书

调解协议书是纠纷当事人在调解员的主持下，对调解内容和结果予以固定，并由双方共同遵照执行的书面文件。与调解笔录不同，我国法律法规对调解协议的要求更为具体。调解协议的内容应载明当事人的基本情况、纠纷的主要事实、争议事项以及各方当事人的责任，还有达成调解协议的内容、履行方式、期限等。调解协议的内容应当是当事人的真实意思表示，并符合法律、行政法规的规定及社会公序良俗，不得侵害国家、社会公共利益及案外人利益，否则人民法院将不予以司法确认。双方当事人达成调解协议的，可以向有管辖权的人民法院申请司法确认。人民法院在受理司法确认申请之日起十五日内将作出是否确认的决定。被人民法院依法进行司法确认的调解协议，双方应当依法履行，一方当事人拒绝履行或者未全部履行的，对方当事人可以向作出确认决定的人民法院申请强制执行。

【人民调解委员会调解笔录】

调解笔录

时间: _____ 地点: _____
事由: _____ 记录员: _____
调解员: _____
当事人姓名: _____ 性别: ____ 居民身份证号码: _____
单位/住址: _____ 联系电话: _____
当事人姓名: _____ 性别: ____ 居民身份证号码: _____
单位/住址: _____ 联系电话: _____

笔录:

调解员: 你们好, 我们是＊＊＊人民调解委员会的调解员, 今天就双方申请调解＊＊＊纠纷一案依法进行调解, 根据《中华人民共和国人民调解法》的第＊＊＊条、第＊＊＊条法律规定, 当事人在调解活动中享有以下权利: (1) 选择或者接受人民调解员; (2) 接受调解、拒绝调解或者要求终止调解; (3) 要求调解公开进行或者不公开进行; 自主表达意愿、自愿达成调解协议。同时, 你要履行以下义务: (1) 如实陈述纠纷事实; (2) 遵守调解现场秩序, 尊重人民调解员; (3) 尊重对方当事人行使权利。请问听清楚了吗? 有无异议?

当事人:

调解员: 请问双方当事人是否自愿申请在＊＊＊人民调解委员会进行调解?

当事人:

调解员: 请问双方当事人是否要求调解员回避或者更换调解员?

当事人:

调解员: 现在开始调解, 请双方当事人分别陈述对于本纠纷的事实和理由。

当事人: (各方陈述纠纷事实和理由等)

调解员: 经双方当事人自愿协商一致, 达成以下意见: (如未达成调解, 也应记录在案)

请细阅以上笔录, 如有遗漏或错误, 请修正; 如没有错误, 请签字确认。

当事人 (签名、盖章或按手印): _____
当事人 (签名、盖章或按手印): _____
调解员 (签名): _____ 记录员 (签名): _____

年　　月　　日

【人民调解委员会调解协议书】

调 解 协 议 书

编号：_____

当事人姓名：_____ 性别：___ 居民身份证号码：_____

单位/住址：_____ 联系电话：_____

当事人姓名：_____ 性别：___ 居民身份证号码：_____

单位/住址：_____ 联系电话：_____

纠纷主要事实、争议事项：_____

经调解，自愿达成如下协议：_____

履行方式、时限：_____

本协议经各方当事人签名，并经＊＊＊人民调解委员会盖章之日起生效。本协议一式____份，当事人、人民调解委员会各持一份。

当事人（签名、盖章或按手印）：_____ 当事人（签名、盖章或按手印）：___

人民调解员（签名）：_____

人民调解委员会（盖章）
年　　月　　日

第三节　调解的实训

一、家事案件实训案例一

黄某（男）为国家工作人员，其与周某（女）在相识两个月后结婚，婚后育有一女，已 3 岁。两人婚后购得两套房屋，分别登记在黄某和周某名下。婚后，黄某与周某经常因家庭琐事发生矛盾。尤其女儿出生后，黄某与周某之间的矛盾更深，最后黄某与周某分居，并与另一女子同居。随后，黄某的出轨行为被周某发现，于是经常去黄某单位吵闹。现双方已无法有效沟通，黄某愿意"净身出户"，尽早离婚。

【实训项目】

围绕离婚纠纷，进行调解。

在处理离婚纠纷中，除了要关注纠纷当事人婚姻关系的处理，更要注重夫妻双方离婚后涉及的财产分配和子女权益的保护。本案调解难点在于纠纷当事人都存在"受害人"心理，情绪激烈，沟通存在障碍。同时，要关注夫妻离婚后财产分配与子女抚养问题，引导当事人作出对子女权益保护最佳的方案。

【实训步骤】

步骤一：将学生分成若干组，其中一人为观察员，两人分别扮演黄某、周某，另外三人扮演调解员，一人为记录员/调查员（也可以由调解员担任）。

步骤二：调查员进行调解前情况调查。调解员制定调解策略、具体实施方案。调解实施，由调解员主持调解，记录员进行记录。调解结束，记录员根据调解具体情况进行记录，并制作调解协议书，如调解不成，则告知当事人后续救济途径，并记录在案。观察员进行观察，教师巡回观察各组情况。

步骤三：观察员汇报本组调解情况，其他人员可作补充。

步骤四：评估。

二、家事案件实训案例二

经人介绍相识的赵某（男）与范某（女）两人于 2012 年登记结婚，婚后育有两女。夫妻双方在外谋生创业时，两女儿随祖父母共同生活。后赵某与范某在生活中摩擦不断，2017 年夫妻双方离婚。双方协商，大女儿由范某抚养，小女儿由赵某抚养，各自负担抚养费。离婚后，双方各自奔向不同城市工作生活，两个女儿则随祖父母在老家县城生活读书。随着时间推移，范某愈加思念大女儿，认为既然离婚时大女儿归自己抚养，就想把大女儿接到身边共同生活。但是，范某与赵某及其父母未提前沟通就要求大女儿与自己共同生活，使得大女儿对母亲范某产生了排斥的心理。2020 年 1 月，父亲赵某要求变更抚养权，将大女儿归自己抚养。

【实训项目】

围绕抚养权纠纷，进行调解。

在抚养权纠纷案件调解中，应注重保护未成年人，将未成年子女权益保护放在首位。本案大女儿抚养权虽在母亲范某，但自夫妻双方离婚，大女儿就未跟母亲生活，缺乏共同生活的感情基础；且父母之间的争执易导致孩子产生不安情绪，破坏其稳定生活，并使其对母亲产生敌对心理。本案调解难点在于如何避免让孩子受到更大伤害，更好地保护孩子权益。本案孩子已满 8 周岁，有一定的自主意见，在抚养权变更问题上应充分考虑孩子权益，必要时应听取孩子的想法，选择最有利于孩子成长的方案。

【实训步骤】

步骤一：将学生分成若干组，其中一人为观察员，两人分别扮演赵某、范某，另外三人扮演调解员，一人为记录员/调查员（也可以由调解员担任）。

步骤二：调查员进行调解前情况调查。调解员制定调解策略、具体实施方案。调解实施，由调解员主持调解，记录员进行记录。调解结束，记录员根据调解具体情况进行记录，并制作调解协议书，如调解不成，则告知当事人后续救济途径，并记录在案。观察员进行观察，教师巡回观察各组情况。

步骤三：观察员汇报本组调解情况，其他人员可作补充。

步骤四：评估。

三、家事案件实训案例三

杨某与被继承人韩某系夫妻关系，双方均系初婚，婚后共育有四子，分别为韩某1、韩某2、韩某3、韩某4。2012年3月韩某去世，去世时没有留下遗嘱。韩某的父母均先于韩某去世。韩某去世时财产及争议如下：

1. 关于房产：2000年，韩某在北京市三环购得1号房屋（经评估，价值990万元），登记在韩某名下；2006年，杨某在上海市购得2号房屋（经评估，价值500万元），登记在杨某名下；2010年，韩某在上海市购得3号房屋，该房屋为小产权房，韩某去世后，韩某3取得该房屋的售房款110万元。韩某4称，因家里未为其购买房，该110万元是对其未购买房屋的补偿，应归其个人所有。另外，韩某4认为，登记在韩某2名下的4号房屋（经评估，价值200万元）和登记在韩某3名下的5号房屋（经评估，价值220万元）为家庭共有财产、登记在韩某1及其妻子白某的6号房屋（经评估，价值400万元）由韩某出的资，以上房屋均应析产继承。

2. 关于股权：2010年4月，韩某、杨某及四个儿子共同成立A公司，注册资本为人民币100万元，公司股东韩某、杨某、韩某1、韩某2、韩某3、韩某4，股权份额分别为25%、15%、15%、15%、15%、15%。各继承人均不持异议。

3. 关于车辆：2009年，韩某购买奥迪小汽车一辆（经评估，现值25万元），登记在其名下。韩某3主张该汽车是A公司出资的，为家庭共同财产，应析产继承，韩某 2 和韩某 4 均称自己名下没有京牌小汽车，要求分得车辆，并向其余继承人给付折价款。

4. 关于存款：韩某共开立银行账户三个，存款合计 360 万元。各继承人认为，应对韩某去世时银行账户余额 360 万元作为遗产进行分割。

5. 关于抚恤金：2012 年 8 月 8 日，民政局发放韩某一次性抚恤金 15.3 万元，由杨某领取。杨某与四个儿子签订《协议书》，内容为："韩某去世后，领取一次性抚恤金，经协商，决定将一次性抚恤金 15.3 万元分配给配偶杨某所有。"

【实训项目】

围绕遗产继承和析产纠纷，进行调解。

被继承人在世时没有留下遗嘱，韩某的遗产应按照法定继承的规定进行分配。本案涉及遗产较多，主要争议在于对遗产范围的认定及分配上。在调解中，调解员应引导继承人本着互谅互让、和睦团结的精神，友好协商处理继承问题。

【实训步骤】

步骤一：将学生分成若干组，其中一人为观察员，五人分别扮演杨某、韩某 1、韩某 2、韩某 3、韩某 4，另外三人扮演调解员，一人为记录员/调查员（也可以由调解员担任）。

步骤二：调查员进行调解前情况调查。调解员制定调解策略、具体实施方案。调解实施，由调解员主持调解，记录员进行记录。调解结束，记录员根据调解具体情况进行记录，并制作调解协议书，如调解不成，则告知当事人后续救济途径，并记录在案。观察员进行观察，教师巡回观察各组情况。

步骤三：观察员汇报本组调解情况，其他人员可作补充。

步骤四：评估。

四、家事案件实训案例四

丈夫刘某与妻子徐某婚后未生育，后来依法共同收养一女刘小某，刘某与徐某将刘小某抚养成年，并办理了户口登记。刘小某结婚后，将养父刘某和养母徐某接来同住。后刘某和徐某因不满刘小某在婚姻方面的选择，与刘小某产生矛盾。刘小某多次与养父母沟通，表示自己现在已成年，希望能保留点私人空间。但后来刘小某与养父母多次发生矛盾，让刘小某觉得很困惑，遂要求与刘某、徐某解除收养关系。

【实训项目】

围绕解除收养关系纠纷，进行调解。

本案中，刘某与徐某收养刘小某并将其抚养成人，在双方存在一般家庭矛盾的情况下，被收养人要求解除收养关系，不符合法律规定，违背基本的家庭伦理道德。若允许被收养人随意解除收养关系，或致收养人老无所养，有失公允及公德，不利于弘扬良好的社会风尚。本案中，收养人与被收养人缺乏有效沟通，在调解中，可引导纠纷当事人加强沟通，解开心结。在当事人同意下可邀请德高望重或者当事人较为敬重的邻里、亲朋等参加，动之以情、晓之以理，协助当事人之间加强沟通、换位思考、调整相处方式，化解纠纷。

【实训步骤】

步骤一：将学生分成若干组，其中一人为观察员，三人分别扮演刘某、徐某、刘小某，另外三人扮演调解员，一人为记录员/调查员（也可以由调解员担任）。

步骤二：调查员进行调解前情况调查。调解员制定调解策略、具体实施方案。调解实施，由调解员主持调解，记录员进行记录。调解结束，记录员根据调解具体情况进行记录，并制作调解协议书，如调解不成，则告知当事人后续救济途径，并记录在案。观察员进行观察，教师巡回观察各组情况。

步骤三：观察员汇报本组调解情况，其他人员可作补充。

步骤四：评估。

第四节　调解的评价

一、调解评价

根据调解的实训内容，评价主要包括以下四个方面：首先，自我评价，即学生对其在调解实训中的表现进行评价；其次，当事人评价，即当事人（学生）对中立第三方（调解员）以及专业人员等在调解中的表现进行评价；再次，观察员评价，即作为观察员的学生对调解实训各角色的表现情况进行评价；最后，教师评价，即教师对整个实训进行的综合评价，具体评价调解的准备工作是否充分、调解员在调解中发挥的作用大小、调解沟通技巧是否合理、调解结果后续跟踪是否到位等内容。

【调解评价表】

	评价内容/得分	1	2	3	4	5	6	7	8	9	10	总分
学生评价	自我评价											
	当事人评价											
	观察员评价											
	教师评价											

二、调解改进

1. 调解的调前调查是否充分？对纠纷的争议核心是否把握准确？

2. 调解中调解员是否一直保持中立公正的立场，并注意营造良好的调解氛围？

3. 在调解实施过程中，你是否充分运用学习到的调解技巧？

4. 在调解实施过程中，你是否充分运用律师、心理咨询师、教育家等专业人员的专业技能协助调解的顺利实施？

5. 当事人对本次调解活动是否满意？为什么？

6. 调解笔录、调解协议书等文书中的要素是否齐全？哪些地方需要改进？

第 6 章　阅　卷

第一节　阅卷的概述

一、阅卷的概念

在司法实务中，刑事案件、行政案件及民事案件都存在阅卷，囿于篇幅所限，本章节主要围绕民事诉讼案件中的阅卷而叙。对于民事诉讼案件的当事人及诉讼代理人来说，阅卷的相关规定主要见于《民事诉讼法》及《最高人民法院关于诉讼代理人查阅民事案件材料的规定》中，当事人或者诉讼代理人在全面查阅、复制、摘抄案卷材料的基础上，可以对案件卷宗材料进行研读及了解。

结合上述规定，阅卷是指案件当事人、诉讼代理人查阅案件有关材料的活动。因家事案件也属于民事诉讼的范围，故对家事阅卷的理解与上述所指阅卷在理解上并无区别，仅是在实务中对阅卷范围而言具家事的特定性及针对性。

二、阅卷的目的

阅卷是办理案件的基础性工作，通过阅卷理出思绪、甄别材料、分析论证，进而得出合理的判断，具体为：

1. 了解案情

任何一个案件，不论是民事、刑事、行政案件，不管是案情简单还是复杂，不管是多人涉诉还是一人涉诉，都会具备时间、地点、人物、事件及结果等要素。家事案件也不例外，因此，可以尝试从上述的要素中初步了解案情。

2. 发现疑点

通过阅卷，达到发现疑点的目的。一个案件有没有疑点，有多少疑点，不同人阅卷的结果会有不同，这与阅卷人自身的阅历经验、责任心、态度有关，也与不同的阅卷方法有关。

3. 厘清思路

无论是简单案件还是复杂案件，律师要做的是厘清办案思路，发现其中的问题，然后设法解决问题，以实现委托人的利益最大化。

4. 查找依据

查找依据包括两个方面：一方面是查找法律依据，另一方面是从阅卷中发现对自己有利的证据和不利的证据，进而查找是否存在可以推翻于己不利证据的证据或有关资料。

5. 评估目的

无论是作为原告方还是被告方的诉讼代理人，起诉或者应诉都带有目的性。原告是期望能够胜诉，即诉讼请求得到法院支持，被告也期望能够胜诉，如驳回原告的诉讼请求、法院判决其不承担责任等。但是，该案是否能达到目的，只听当事人自己的意见不可能作出较为准确的判断，其原因在于当事人容易受趋利避害心理的影响，只陈述对其有利的部分，而隐瞒对其不利的部分，导致不能客观地反映案件事实，尤其是离婚纠纷、继承纠纷中有分割更多财产（遗产）诉求的一方更容易隐瞒一些情况。因此，应当通过阅卷来评估能否达到预期目的或者能达到多少目的，在阅卷过程中，发现的问题及疑难点越多，越有利于评估案件的目的，越能够判断能否实现目的。

6. 协助办案

通过认真、细致的阅卷，我们才能对整个家事案件作出通透性理解，也才能有助于设计办案思路及实际处理方法，进而有效协助办好整个案件。

三、阅卷的要求

阅卷是了解案件事实最直接的方式，也是每一位代理律师的必修课。孙子兵法讲，知己知彼，方能百战不殆，阅卷是律师"知己知彼"的途径之一。阅卷工作就是将案件通过大脑"输入"和"输出"的过程，它将案卷材料录入大脑并梳理为法律事实，再对其进行书面或口头形式的表达，形成法律上的评价，做到"案熟于胸"。阅卷不同于普通的阅读，良好的阅卷过程需要端正态度。通过阅卷及复盘，律师可以达到有效阅卷，进而熟悉和掌握案情，不断接近客观真实，寻找案卷中对当事人有利或不利的材料，对不利的证据材料进行质证、反驳，对有利的证据材料加以利用。总之，阅卷的最佳要求是将案件化繁为简，提炼出案件的重点、难点部分，将厚案变"薄"。

第二节 阅卷的实施

一、阅卷的主体

无论在理论上还是实务当中，并不是任何人都有权去查阅案件卷宗材料。比如，社会人员张某在得知邻居李某已通过诉讼离婚后想了解下案件情况，便想去有关机关查阅邻居李某的卷宗，那么张某能否查阅卷宗呢？很显然，张某是无权阅卷的。那么，在司法实践中，哪些人才有阅卷权呢？

《民事诉讼法》第 52 条第 2 款规定："当事人可以查阅本案有关材料，并可以复制本案有关材料和法律文书。查阅、复制本案有关材料的范围和办法由最高人民法院规定。"第 64 条规定："代理诉讼的律师和其他诉讼代理人有权调查收集证据，可以查阅本案有关材料。查阅本案有关材料的范围和办法由最高人民法院规定。"而根据第 61 条规定："下列人员可以被委托为诉讼代理人：律师、基层法律服务工作者；当事人的近亲属或者工作人员；当事人所在社区、单位以及有关社会团体推荐的公民。"同时，《最高人民法院关于适用〈中华人民共和国民事诉讼法〉的解释》第 85 条规定："根据民事诉讼法第六十一条第二款第二项规定，与当事人有夫妻、直系血亲、三代以内旁系血亲、近姻亲关系以及其他有抚养、赡养关系的亲属，可以当事人近亲属的名义作为诉讼代理人。"

故有权阅卷的人员包括当事人本人或当事人的委托代理人，代理人的范围包括：律师；基层法律工作者；与当事人有夫妻、直系血亲、三代以内旁系血亲、近姻亲关系以及其他有抚养、赡养关系的亲属；当事人的工作人员；当事人所在社区、单位以及有关社会团体推荐的公民。由此可见，阅卷权是法定的，有权阅卷的人员范围非常明确。前述社会人员张某是李某的邻居，在未获得推荐的情况下，不属于法律规定的可以作为民事案件代理人的范围。因此，张某以普通邻居的身份，无权要求查阅李某的卷宗。

二、阅卷的内容

既然阅卷是了解案件最直接也是最根本的方式，那么哪个阶段可以查阅卷宗以及查阅哪些卷宗内容呢？

第一，民事案件存在非诉案件与诉讼案件之分，而家事案件也属于民事案件的范畴，故家事案件也存在非诉案件与诉讼案件之分。非诉案件类型很多，比如夫妻婚内析产、夫妻婚内财产约定、婚内矛盾的第三方调解等，诉讼案件比较常见的如离婚诉讼纠纷、扶养费纠纷、离婚后财产分割纠纷等。不管是非诉案件还是诉讼案件，在当事人咨询律师时，必然要提供相关的材料，尤其在当事人想要作为原告准备起诉离婚的案件中，给律师查阅当事人所有的材料是必需的过程。如果案件已在诉讼过程中，无论是哪个诉讼程序，代理人也可以根据案件情况调查取证，获取案件材料或者证据。如果案件已经通过法院裁判，代理人可以根据相关规定向法院查阅复制已在案或者归档的案件材料。如果代理人只在二审阶段才介入，则代理人可以向法院申请查阅、复制一审卷宗材料。如果是在二审判决后才介入，则代理人可以向相关法院申请查阅、复制一审及二审卷宗材料，案件经过再审的，还可以向相关法院申请查阅复制再审案件的相关卷宗材料。

综上所述，代理人在诉讼前、诉讼中或诉讼结束后都有权查阅卷宗，只是在不同阶段所查阅到的或者能查阅到的卷宗材料有所区别。

第二，阅卷的具体内容。《最高人民法院关于诉讼代理人查阅民事案件材料的规定》第5条规定："诉讼代理人在诉讼中查阅案件材料限于案件审判卷和执行卷的正卷，包括起诉书、答辩书、庭审笔录及各种证据材料等。"所以，对诉讼代理人查阅民事案件材料的范围仅限于案件审判卷和执行卷的正卷。根据《人民法院诉讼文书立卷归档办法》第14条的规定，民事一审案件正卷诉讼文书材料包括：

（1）卷宗封面；（2）卷内目录；（3）起诉书或口诉笔录；（4）立案（受理）通知书；（5）缴纳诉讼费或免费手续；（6）应诉通知书回执；（7）答辩状及附件；（8）原、被告诉讼代理人、法定代表人委托授权书、鉴定委托书及法定代表人身份证明；（9）原、被告举证材料；（10）询问、调查取证材料；（11）调解笔录及调解材料；（12）开庭通知、传票及开庭公告底稿；（13）开庭审判笔录；（14）判决书、调解书、裁定书正本；（15）宣判笔录；（16）判决书、调解书、裁定书、送达回证；（17）上诉案件移送函存根；（18）上级法院退卷函；（19）上级法院判决书、调解书、裁定书正本；（20）证物处理手续；（21）执行手续材料；（22）备考表；（23）证物袋；（24）卷底。

根据《人民法院诉讼文书立卷归档办法》第15条的规定，民事二审案件正卷诉讼文书材料包括：（1）卷宗封面；（2）卷内目录；（3）上诉案件移送书；（4）原审法院判决书、调解书、裁定书；（5）缴纳诉讼费或免费手续；（6）上诉书正本；（7）答辩状；（8）询问、调查笔录或调查取证材料；（9）调解笔录及调解材料；（10）撤诉书；（11）开庭通知、传票；（12）辩护委托书及辩护词；（13）开庭审判笔录；（14）判决书、调解书、裁定书正本；（15）司法建议书；（16）宣判笔录委托宣判函；（17）送达回证；（18）退卷函存根；（19）备考表；（20）证物袋；（21）卷底。

如前所述，家事案件也属于民事案件，故家事案件的一审、二审案件材料也同样依照《人民法院诉讼文书立卷归档办法》进行归档，代理人有权依照程序向相关司法机关申请查阅。但需要说明的是，并不是每个民事案件的卷宗材料都同上述序号一一对应。由于个案的差异，有些案件不存在上述卷宗序号中的某一项或某几项，比如上级法院退件函、司法建议书、撤诉书等。此外，在司法实践中，因为个案的不同，所有卷宗材料的排列亦有所区别。

三、阅卷的注意事项

（一）对有关重要规定的理解

1. 《最高人民法院关于诉讼代理人查阅民事案件材料的规定》第 6 条第 1 款规定："诉讼代理人查阅案件有关材料后，应当及时将查阅的全部案件材料交回书记员或者其他负责保管案卷的工作人员。"该条第 3 款继而规定："诉讼代理人不得将查阅的案件材料携出法院指定的阅卷场所。"值得注意的是，司法实践当中，诉讼代理人向人民法院申请阅卷后，通常情况下，有条件的人民法院都会为诉讼代理人阅卷提供便利条件，安排阅卷场所，法院工作人员（一般是案件的书记员或者档案室负责保管案卷的工作人员）将成套的正卷材料交付诉讼代理人查阅，有些案件存在案件材料众多的情况，便会单独装订成合本。诉讼代理人在查阅完毕后，务必将全部的案件材料交还工作人员，不可将其中的某本自己留下，更不可以在查阅完毕后就擅自离开，将案件材料置于无人看管的状态，除非是在诉讼代理人阅卷时，有该案件的书记员或者法院其他工作人员在场陪同。同时，若法院有指定的阅卷场所，代理人也不可以将查阅的案件材料携带出指定场所。总之，诉讼代理人查阅案件，应当在法院指定的场所范围内进行，且在查阅完毕后，应将全部案件材料完整归还案件相关工作人员。

2. 《最高人民法院关于诉讼代理人查阅民事案件材料的规定》第 8 条规定："查阅案件材料中涉及国家秘密、商业秘密和个人隐私的，诉讼代理人应当保密。"律师对委托人信息具有保密义务，主要来源于律师和委托人之间的委托代理关系。基于代理关系，委托人需要如实告知律师所有与案件有关的信息。律师对在执业活动中知悉的委托人和其他人不愿泄露的有关情况和信息，应当予以保密，对此《律师法》也作了相关规定。在家事案件中，更多的是涉及个人隐私的问题，比如存在家庭暴力、涉及个人生理问题、个人财产问题、子女问题、婚外情问题等。因此，家事案件一般也不公开审理，尤其是当事人明确表示不公开审理的离婚案件，法院一般不会公开审理。作为诉讼代理人，查阅相关案件材料，必然会知晓相关个人隐私的问题，代理人有义务为相关人员保密。当然，很多民事案件材料中也会涉及商业秘密，甚至是国家秘密，代理人查阅卷宗材料得知后也应当予以保密。代理人不能因案件涉及某些典型或有趣的问题，而向周边人公开或者通过媒体方式予以公开传播，否则，代理人将可能承担相应的法律责任。

这里需要注意的是，尽管律师具有保密义务，但是法律也规定了例外情形。《律师法》第 38 条规定："委托人或者其他人准备或者正在实施危害国家安全、公共安全以及严重危害他人人身安全的犯罪事实和信息除外。"所以，作为代理人在阅卷过程中需要时刻谨慎，既要做好保密工作，又要做好应对除外情形的工作。

3. 《最高人民法院关于诉讼代理人查阅民事案件材料的规定》第 9 条规定："诉讼代理人查阅案件材料时不得涂改、损毁、抽取案件材料。"作为诉讼代理人，最大限度地维护委托人的合法权益是基本职责，但是要遵守法律的底线。在查阅案件材料时，如果遇到明显对委托人不利的证据时，首先要考虑的是向委托人了解事实的相关情况，然后对不利的证据材料进行辨别真伪，若不利的证据材料明显属于伪证，那自然比较容易解决。如果不利的证据材料确实属实，那就需要去作合理解释并调取足以推翻该不利证据的反证材料（证据）。同时，诉法代理人要对委托人进行诉讼结果风险告知，而绝不可以将案件材料进行涂改、损毁、抽取。司法实践中，确实存在当事人损毁案件材料的情况，当然，司法机关无一例外地对该种违法情形予以处罚，轻则罚款，情节严重的则可以司法拘留，甚至可以追究更严重的法律责任。

（二）实务中需要注意的几个问题

1. 原告代理人阅卷

（1）在代理原告准备起诉的家事案件中，首先需要向当事人了解基本情况。比如双方如何相识及相恋的过程，相恋后及结婚后感情如何，当前双方存在的主要矛盾是什么，双方有无分居，目前双方的居住地分别在哪里（判断是否为户籍地、是否为经常居住地，若为经常居住地，是否有居住证或者能够证实该地为经常居住地的证明材料），询问双方是否有子女（如有，子女当前的抚养情况如何）等。只有问询的情况足够详细，才能更加了解委托人的案件情况。需要指出的是，在询问谈话的过程中，良好的习惯是制作谈话笔录，问询结束后，还需要委托人在谈话笔录上签名。该谈话笔录可以用于书写起诉状，也可辅助庭审陈述发言，更有助于在收到被告答辩状及证据后对某一（些）事实进行真伪识别。

（2）在了解完相关情况后，原告代理人需要查阅有关案件材料，并对相关材料进行复制。通常情况下，有如下几种：查阅复制结婚证（需要注意的是，若委托人没有结婚证，则需要指引其凭身份证到其结婚登记地的民政部门复制结婚登记档案）；查阅复制不动产权证（若委托人没有不动产权证，则需指引其凭身份证到房管部门打印不动产信息登记材料）；孩子的出生证（可以识别孩子是否为婚生）；公司相关资料（若存在夫妻共同财产的公司股份，则需指引委托人到公司所在地的市场监督管理局复制公司工商登记档案）；若存在其他涉及财产的材料，则一并复制。需要注意的是，须根据相关证据材料，发现涉案需要分割的财产是婚前购买还是婚后购买，比如不动产是否存在婚前购买、婚后还按揭贷款的情形等，以便于区分该案件中的财产是一方个人财产还是夫妻共同财产。

（3）询问委托人，如对方有无存在家庭暴力、婚内出轨，或者赌博、吸毒、遗弃等特别情况，若有，组织相关证据材料。需要特别注意的是，要看案件中是否存在可以主张损害赔偿的法定情形及证据，根据《民法典》第1091条规定，因存在重婚，与他人同居，实施家庭暴力，虐待、遗弃家庭成员，有其他重大过错等情形而导致离婚的，无过错方有权请求损害赔偿。为便于更好地发现问题及组织证据，在这里对上述法条规定的情形稍作解析：重婚，即有配偶者又与他人结婚；与他人同居，即有配偶者与婚外异性不以夫妻名义，持续、稳定地共同居住；实施家庭暴力，即家庭成员之间以殴打、捆绑、残害等方式实施的身体、精神侵害行为；虐待家庭成员，即持续性、经常性的家庭暴力；遗弃家庭成员，即对年老、年幼、患病或其他没有独立生活能力的人，负有扶养义务而拒绝扶养的行为；有其他重大过错，即婚姻中其他违反婚姻和家庭义务的行为，如通奸、吸毒、赌博、嫖娼等过错行为，由法院根据案件情况认定是否构成重大过错。若所涉案件中存在可以主张损害赔偿的以上法定情形，则可以引导委托人提供或者搜集该方面的证据材料，以便用于损害赔偿的主张。

（4）在诉讼过程中，被告很可能在收到相关起诉材料后转移相关财产。那么作为原告的委托代理人，若经过阅卷后确定存在需要分割被告名下的财产，为防止被告转移财产，则需要提起财产保全。根据《最高人民法院关于人民法院办理财产保全案件若干问题的规定》第 1 条之规定，当事人、利害关系人申请财产保全，应当向人民法院递交申请书。申请书应当载明下列事项：申请保全人的身份证明、送达地址、联系方式；申请财产保全的事实与理由；争议标的或者请求事项；具体明确的被保全财产；保全担保财产证明或者资信证明，或者不需要提供保全担保的理由；其他需要记明的事项。在司法实务中，法院一般还要求申请保全人明确保全标的的类型、份额以及财产数额，比如需要标明不动产、公司股权的估算价值，申请保全人应当尽可能提供详尽的财产线索，方便法院保全。如要求冻结银行账户、股票账户则需提供完整的银行账户、股票账户信息；如需对不动产查封则需提供不动产证复印件或者房管局出具的不动产查册表；如需保全公司股权份额则需提供营业执照、国家企业信用信息公示系统中显示该公司的详细情况等材料。

（5）懂得取舍证据案件材料。比如，在上述情形中代理人询问委托人，对方有无存在家庭暴力、婚内出轨，或者有赌博、吸毒、遗弃等特别情况时，委托人回答对方不存在这些情况，但自己却存在这些情况时，作为委托人的代理人就要预想到对方可能会提出要求委托人承担损害赔偿责任的请求，进而需要提早作出合理应对的策略。同时，在委托人举证时，要懂得证据材料的利害关系，作出相应的取舍。

2. 被告代理人阅卷

（1）在代理被告应诉的家事案件中，被告代理人也需要向当事人了解基本情况，比如，男女双方相识及相恋的过程、婚后感情状况、当前男女双方存在的主要矛盾是什么，以便根据原告方提交的起诉状，作出合理的答辩。同时，需要问询双方有无分居、目前双方的居住地分别在哪里（判断是否为户籍地、是否为经常居住地，若为经常居住地，是否有居住证或者能够证实该地为经常居住地的证明材料），以便可能视情节提出管辖权异议（涉及离婚案件管辖权问题，《民事诉讼法》及相关司法解释作了明确规定，在此不予赘述）。在同作为委托人的被告方询问谈话的过程中，最好也制作谈话笔录，问询结束后，还需要委托人在谈话笔录上签名。该谈话笔录可以用于书写答辩状，也可辅助庭审陈述发言，更有助于对原告在起诉状中所述及提交的证据中所指某一（些）事实进行真伪识别。

（2）在了解完相关情况后，需要组织查阅有关案件材料，并对相关材料进行复制，因是被告收到了原告的起诉状及证据材料，故对被告提供的相关材料进行查阅、复制。比如，存在如下材料，需要查阅、复制并向被告进行核实：结婚证，问询原告所提交的结婚证或者结婚登记证明是否属实；不动产权证（问询证书是否属实、不动产购买时间、付款时间等）；孩子的出生证（问询孩子的情况是否属实）；有关公司的资料（问询是否属实、是否属于夫妻关系存续期间设立等），若存在其他涉及财产的材料，则一并复制。这里需要注意的是，需要问询被告，除了原告所提交的案件材料中所指的财产外，是否存在需要分割的其它财产，而原告并未在起诉状中提出，也未在证据材料中出示的情况，如有，则需要被告提供相关的证据。

（3）询问委托人，原告方有无存在家庭暴力、婚内出轨，或者赌博、吸毒、遗弃等特别情况，若有，组织相关证据材料。需要特别注意的是，要关注案件中是否存在《民法典》第1091条规定的重婚，与他人同居，实施家庭暴力，虐待、遗弃家庭成员及有其他重大过错的情况，若有，问询委托人是否需要提出无过错方的损害赔偿请求。委托人主张损害赔偿的，则可以引导委托人提供或者搜集该方面的证据材料并提出相应的主张。

（4）在诉讼过程中，被告很可能在收到相关起诉材料后相关财产已被采取财产保全措施，那么作为被告的委托代理人可以问询委托人原告名下是否存在需要分割的财产以及对原告名下的财产是否需要采取保全措施，如需要，则按前述第 1 点中作为原告代理人时的阅卷中的指引操作，以防止原告方在诉讼中转移财产。

（5）注意需要调查取证的情形。比如，前述在询问委托人原告有无存在家庭暴力、婚内出轨，或者赌博、吸毒、遗弃等特别情况时，尤其是否存在《民法典》第 1091 条规定的情形时，委托人回答自己并不存在这些情况，但原告存在这些情况却在起诉状中有所隐瞒。那么，作为委托人的代理人就要组织相关证据，比如，涉及家庭暴力的证据，包括但不限于报警回执、公安出警后的调查笔录和伤情照片等。需要指出的是，若是公安调查笔录，则代理人需要向相关部门（如法院）申请调查取证，或者向法院申请出具律师调查令，由律师持调查令向相关部门予以调取，以便在诉讼中提出要求原告承担损害赔偿责任的请求。

四、阅卷的方法

（一）有效阅卷的前提

阅卷不等于单纯阅读，本书所指的阅卷是指有效阅卷，而非阅读卷宗材料后却仍然没有弄清楚案件所以然的无效阅卷。当然，有效阅卷的前提包括以下三个方面：一是需要全面复制卷宗材料。如前所述，卷宗材料有多有少，但是如果想把整个案件"吃透"，必须全面复制卷宗材料，而非在阅卷时任意取舍，否则就会出现断章取义，抑或是与事实相悖的情形。这不但不利于解决问题，甚至还可能造成被动（如庭审陈述与卷宗材料的书证相矛盾）的局面。二是要全面阅读。有时尽管全面复制了卷宗材料，但是没有去全面阅读，而是在阅读材料时有所取舍，这样同样不利于有效和全面了解案件本身。三是需掌握相关法律法规、司法解释及证据规则。如此，才能在阅卷过程中实时将法律规定与案件材料联系起来，对所阅读的案件材料能否证明待证事实、是否形成了完整的证据链、是否达到了证明标准、是否存在举证责任倒置等情形作出准确判断。当然，如果代理人具有丰富的阅历和经验，则会在阅卷过程中起到事半功倍的效果。所以，在实践中不断积累的阅卷经验，也是不可或缺的。

（二）有效阅卷的方法

阅卷方法因人而异，但一次有良好效果的阅卷应当至少包括一次通读案件材料，一次精读案件材料，再加一次对重要案件材料的反复研读。第一次阅卷，应当持有客观中立的态度，通读案件材料，总结案件要素，并对阅卷过程中产生的疑问进行记录。第二次阅卷应当精读案件材料，将前一次总结的案件要素进行罗列，记录时应当用词准确，引用材料中的语言，并且记录细节。第三次阅卷，应当带着前两次阅卷中产生的疑问，反复研读案件的重要材料。

值得注意的是，阅卷时要善于列明案件要素并做好笔记，比如前述的时间、地点、人物、事件及结果，需在第一次通读案件材料后对案件的法律关系有初步认识的基础上，根据案件涉及的当事人、法律关系列明案件要素。第二次精读案件材料时，需再根据材料内容，补充、完善要素具体内容，以免遗漏重要信息。制作阅卷笔录时，还应将案件的疑点一并列入，这些疑点很有可能就是案件的争议焦点。完成阅卷笔录后，应再仔细归纳、总结案件事实，梳理疑问并带着疑问去查阅案件的重要材料，查漏补缺，补充阅卷笔录内容。

经过以上三次阅卷后，总结案件涉及的法律关系，分析案件的主体问题、管辖问题、时效问题，并厘定案件的争议焦点，对阅卷过程中产生的疑问进行一一梳理，找出于己方有利的事实部分，最后制定诉讼策略。

当然，阅卷的方法有多种，不同的阅卷顺序对不同的人来说效果也有所不同。在阅卷时，可以先对案件通读，也可以对案件先进行择阅而后再进行通读；可以用主动"找"问题式阅卷方法，比如结婚登记时间、是否属于未登记、不动产及车辆登记时间、子女出生时间、出轨的证据等。当然，这些问题不动最好，要针对原告的诉讼请求去一一对应，并择出相应的重要证据。有效阅卷笔录的方法也有多种，比如摘抄法、表格列表法、人物关系图、设置思维导图等。阅卷的最优过程是将案件从模糊化变为可视化，将案件的复杂性化繁为简。总之，阅卷取得的最佳效果是"闭上眼睛，案件事实经过也能浮现在脑海里"，且已经有了精准处理案件的思路和策略。

第三节　阅卷的实训

一、家事案件实训案例一

原告李先生向甲市人民法院起诉，称其与赵女士经人介绍相识并结婚。双方婚后感情尚佳，也常因琐事吵架。李先生认为夫妻感情已彻底破裂，再无和好可能，故向法院提起离婚诉讼，请求法院判决解除婚姻关系并依法分割夫妻共同财产。被告赵女士拿到起诉状及证据后辩称，自己同意离婚及分割夫妻共同财产，但同时也表示李先生在婚姻关系存续期间存在与其他女性同居的行为。

【实训项目】

通过阅卷，拟为被告提出精神损害赔偿的诉请并组织相关证据。

根据《民法典》第 1091 条的规定，如果当事人一方存在重婚或与他人同居的情形，无过错方可以请求精神损害赔偿。在详细阅卷并向当事人了解情况后，若作为被告的当事人表示原告方存在婚外情并同居的情况，作为律师要有意识地告知委托人可以提出损害赔偿的请求并引导当事人提供相关证据材料，以便最大限度地维护当事人的合法权益。

【实训步骤】

步骤一：将学生分成若干组，其中一人为观察员，一人扮演赵女士，另外两人扮演负责接待的律师。

步骤二：由律师接待当事人并了解情况，充分阅卷。观察员进行观察，教师巡回观察各组情况。

步骤三：观察员汇报本组阅卷情况，其他人员可作补充。

步骤四：评估。

二、家事案件实训案例二

唐生和妻子阿月婚后生育一女，但因夫妻矛盾，在女儿五个月时唐生离家未归，女儿一直由阿月照顾。2015 年 4 月，唐生回家后趁阿月不备将女儿抱走，并不再接听阿月的电话。2015 年 6 月，思女心切的阿月向法院起诉离婚并主张对女儿的抚养权。法院综合考虑双方情况，判决双方离婚，并鉴于孩子当时未满 2 周岁，判决孩子由阿月抚养。然而，唐生在判决生效后并没有将女儿交给阿月，而是将其抱回老家交由自己的父母代养，也拒将孩子的地址告知阿月。多年来阿月一直在打听孩子的下落，直到孩子已满 8 岁时，阿月得知孩子所在地，并在女儿就读的学校找到了女儿。此时，得知情况后的唐生担心阿月带走孩子，遂向法院起诉要求变更抚养权，请求法院判决孩子由自己抚养。

【实训项目】

通过阅卷，厘清儿童抚养权的归属原则。

在司法实践中，法院在处理变更抚养权纠纷案件时应非常谨慎，尤其是在争夺孩子抚养权时当事人双方各执一词。应通过阅卷，厘清事实，根据"儿童利益最大化"原则去分析事实、组织证据，以便后续有效代理案件。

【实训步骤】

步骤一：将学生分成若干组，其中一人为观察员，两人分别扮演阿月、8 岁的孩子，另外两人扮演负责接待的律师。

步骤二：由律师接待当事人了解情况，通过阅卷了解案件的争议焦点，为委托人寻找最佳的诉讼策略。观察员进行观察，教师巡回观察各组情况。

步骤三：观察员汇报本组阅卷情况，其他人员可作补充。

步骤四：评估。

三、家事案件实训案例三

孙某（女）与张某（男）于 2012 年结婚，但婚后二人矛盾重重，感情逐渐恶化。2020 年 1 月，张某向法院起诉，要求判决与孙某离婚及依法分割夫妻共同财产。孙某在 2020 年 2 月收到张某提交的起诉状及证据后，发现在 2019 年 12 月 10 日张某和好友李某签订了一份《股权转让协议》，约定张某将其持有的 A 公司的股权份额（占 A 公司注册资本的 30%，A 公司注册资本金 500 万元）以 10 万元的价格转让给李某。随后，张某和李某按约履行了各自的义务，将股权进行了变更登记。孙某认为，张某所持股份属于夫妻共同财产，张某在二人夫妻感情恶化期间，未经孙某同意，以明显低于市场价的不合理价格转让所持股份，属于恶意转移夫妻共同财产的行为。而李某作为二人的好友，在明知原告夫妻关系恶化的情况下，与张某恶意串通，以明显不合理的低价受让股份，严重损害了孙某的合法权益。于是孙某拟起诉张某和李某，要求确认二人的股权转让协议无效。

【实训项目】

通过阅卷，厘清夫妻共同财产处置的效力性。

在家事案件实务中，经常出现夫妻一方以对方未经其许可而擅自处分夫妻共同财产为由主张处分行为无效的案件，通过阅卷综合判断夫妻一方处置财产的行为是否有效，以便给委托人建议及后续有效代理案件。

【实训步骤】

步骤一：将学生分成若干组，其中一人为观察员，一人扮演孙某，另外两人扮演负责接待的律师。

步骤二：由律师会见当事人，并充分阅卷，分析评判张某与李某股权转让行为是否有效，及作出精准的诉讼策略。观察员进行观察，教师巡回观察各组情况。

步骤三：观察员汇报本组阅卷情况，其他人员可作补充。

步骤四：评估。

四、家事案件实训案例四

小丽与阿军于 2011 年 7 月 10 日登记结婚，但在婚后第 10 个月，阿军因公意外身故，相关单位给予了 10 万元的抚恤金，阿军同时遗有 20 万元的存款。由于抚恤金与遗产分配问题，阿军的父母与小丽发生纠纷，阿军父母在查询阿军的结婚档案时发现，阿军的出生日期登记为 1989 年 7 月 1 日，而阿军的实际出生日期是 1989 年 8 月 1 日。因此，证明当初领证时阿军还未到法定结婚年龄，后经公安机关出具的证明显示阿军确为 1989 年 8 月 1 日出生。于是，阿军的父母便向法院提出起诉，主张小丽与阿军的婚姻关系无效，并认为小丽没有权利继承阿军的遗产。

【实训项目】

通过阅卷，厘清以未达到法定婚龄登记为由而主张婚姻无效的时间限制问题。

根据《民法典》第 1051 条的规定，未到法定婚龄而办理结婚登记手续的，婚姻无效。原《婚姻法》中也对此作出了相关规定。现实中，的确有很多人会陷入一个误区，认为只要登记结婚时未达到法定婚龄，不管时间过去多久都可以主张婚姻无效，而事实上，因未达法定婚龄申请宣告婚姻无效是受时间限制的。若以未到法定婚龄为由而主张婚姻登记无效的，应当在男女双方的法定结婚年龄届满前提出。否则，待到法定的无效情形随着时间的推移已经消失而具备了结婚的实质要件，再主张婚姻无效将无法得到支持。通过阅卷综合判断当事人婚姻缔结时是否属于无效婚姻以及发生纠纷时是否已经均过法定婚龄，以便作出良好的诉讼策略。

【实训步骤】

步骤一：将学生分成若干组，其中一人为观察员，一人扮演小丽，另外两人扮演负责接待的律师。

步骤二：由律师会见当事人，并充分阅卷，分析评判在婚姻登记后小丽与阿军的婚姻是否已经具备了结婚的实质要件即是否均已达到法定婚龄，进而判断其二人的婚姻是否属于法定无效情形，从而作出精准的诉讼策略。观察员进行观察，教师巡回观察各组情况。

步骤三：观察员汇报本组阅卷情况，其他人员可作补充。

步骤四：评估。

第四节　阅卷的评价

一、阅卷评价

根据阅卷的实训内容，评价主要包括以下四个方面：首先，自我评价，即学生对其在阅卷实训中的表现进行评价。其次，当事人评价，即当事人（学生）对学生作为律师的阅卷表现进行评价。再次，观察员评价，即作为观察员的学生对阅卷流程及能力进行评价。最后，教师评价，即教师对整个实训过程进行的综合性评价，具体评价阅卷准备计划是否充足、是否达到有效阅卷、阅卷后是否形成了有效的诉讼策略等。

【阅卷评价表】

评价内容/得分		1	2	3	4	5	6	7	8	9	10	总分
学生评价	自我评价											
	当事人评价											
	观察员评价											
	教师评价											

二、阅卷改进

1. 是否进行了详细、全面的阅卷？如存在疏漏，原因是什么？下次将如何改进？

2. 阅卷方法运用的效果如何？下次阅卷时将如何改进？

3. 初次见委托人时，与委托人的沟通谈话是否全面？了解内容是否完整？

4. 你与搭档配合默契吗？你认为他（她）在阅卷中的表现如何？哪些还需要改进？

5. 是否在阅卷后能及时将案件本身与相应的法律规定相联系进而有了较为准确的意见？

6. 在阅卷过程中你完全遵守了职业道德吗？在别人向你打听案件情况时，你是否遵循了相关的保密规范？

第 7 章　未成年人刑事法律援助

第一节　未成年人刑事法律援助的概述

什么是法律援助？2022 年 1 月 1 日正式实施的《法律援助法》第 2 条规定："本法所称法律援助，是国家建立的为经济困难公民和符合法定条件的其他当事人无偿提供法律咨询、代理、刑事辩护等法律服务的制度，是公共法律服务体系的组成部分。"我国的法律援助工作起步较晚，1996年，《律师法》和《刑事诉讼法》开始将此项制度纳入。2003 年国务院颁布了《法律援助条例》，对法律援助的原则、范围、申请、审查等进行了较为详细的规定。2021 年 8 月 20 日，《法律援助法》正式通过，法律援助的制度规范形式由"行政法规"上升为"国家法律"。[①] 作为法律援助的重要内容之一，未成年人刑事法律援助制度可以确保未成年人的法律权益，使其获得更高质量的刑事法律援助。

一、未成年人刑事法律援助概念及意义

（一）未成年人刑事法律援助概念

未成年人刑事法律援助的对象是刑事诉讼中的未成年人。2020 年修正后的《刑法》第 17 条规定："已满十二周岁不满十四周岁的人，犯故意杀人、故意伤害罪，致人死亡或者以特别残忍手段致人重伤造成严重残疾，

---

① 顾永忠：《我国法律援助制度的创新与发展》，载《中国司法》，2021 年第 12 期。

情节恶劣，经最高人民检察院核准追诉的，应当负刑事责任。"12 周岁至 14 周岁的人对特定罪名可以追究刑事责任，而民法规定的未成年人是 18 周岁以下的自然人，因此未成年人刑事法律援助的主体范围应限定为 12 至 18 周岁的犯罪嫌疑人或被告人。未成年人由于在一定程度上缺乏辨别是非善恶的能力，相较一般成年刑事犯罪嫌疑人而言主观恶性较小。基于此，刑法对未成年人量刑轻于成年人。同时，由于未成年人知识水平有限，社会经验不足，其对刑事诉讼程序的相关运作以及自身在刑事诉讼程序中所享有的诉讼权利缺乏了解，在刑事诉讼中处于弱势地位。由此，国家对处于弱势地位的未成年人提供刑事法律援助是必要且正当的。

综上，可以将未成年人刑事法律援助的概念进行如下界定：它是指在刑事诉讼程序各个环节中，由法律援助机构依法指定律师，为在犯罪时年龄处于 12 至 18 周岁的未成年嫌疑人或被告人提供刑事辩护服务。此举旨在保障处于弱势地位的未成年人的合法权益。

（二）未成年人刑事法律援助的意义

未成年人是祖国的未来，承载着民族的希望，未成年人的健康成长关乎国运兴衰和民族昌盛，保护未成年人是社会各界共同的责任。2021 年 6 月 1 日，新修订《未成年人保护法》《预防未成年人犯罪法》正式实施，其从法律层面为未成年人案件处理提供了有力依据。未成年人作为特殊群体具有自身的一些特点，如心智发育不成熟、防范意识薄弱、易受周围环境影响等。因此，办理未成年人刑事案件与办理一般成年人案件不同，应当坚持"最有利于未成年人"原则，给予未成年人特殊保护，尊重未成年人身心发展的规律，保护与教育相结合，加强跨部门多专业合作，建立专门的未成年人刑事法律援助律师队伍，避免未成年人受到二次伤害。

根据《法律援助条例》第 3 条："法律援助是政府的责任，县级以上人民政府应当采取积极措施推动法律援助工作。"《法律援助法》第 4 条："县级以上人民政府应当将法律援助工作纳入国民经济和社会发展规划、基本公共服务体系，保障法律援助事业与经济社会协调发展。县级以上人民政府应当健全法律援助保障体系，将法律援助相关经费列入本级政府预算，建立动态调整机制，保障法律援助工作需要，促进法律援助均衡发展。"对于犯罪嫌疑人或被告人是未成年人而没有委托辩护人的，法律援助机构应当提供法律援助。从我国对未成年人的现有保护工作来看，我国一直致力于未成年人的刑事司法专业化建设。譬如，浙江、上海、广东等多地都建立了未成年人案件审判庭，构建了较多的专业化审理机构；在北京、上海等地区，一些公安机关也设置了专门的预审机构来办理未成年人犯罪案件。对涉罪未成年人，坚持"教育为主、惩罚为辅"原则，更加注重"教育、感化、挽救"方针，落实罪错分级处遇制度。从社会稳定发展、国家长治久安的战略高度来看待和处理未成年人问题，把未成年人问题解决在前期，今后社会才会更加稳定和谐发展。

二、未成年人刑事法律援助的法律规定

未成年人法律援助工作之相关法律规定主要体现在《刑事诉讼法》第278 条："未成年犯罪嫌疑人、被告人没有委托辩护人的，人民法院、人民检察院、公安机关应当通知法律援助机构指派律师为其提供辩护。"[①] 关于未成年人刑事法律援助的规定主要见于《未成年人保护法》《刑事诉讼法》《法律援助法》中，缺乏集中统一的立法规定。

三、未成年人刑事法律援助的理论基础

（一）国家亲权理论

英国衡平法院国家亲权思想为少年司法制度的诞生、发展奠定了基础。该思想的核心内容为国家不是惩罚未成年人犯罪的主体，而是未成年人的最高监护人并享有最高监护权。国家可以对国民的财产拥有监护权，

---

① 该条文在 2012 年《刑事诉讼法》修订时，对未成年人刑事法律援助制度作了较大改动。与修订前的相关条文相比，一方面，将法律援助从审判阶段向前延伸至侦查阶段；另一方面，将提供法律援助的义务机关从法院扩大到公安机关、人民检察院。根据该条规定，只要未成年人作为犯罪嫌疑人、被告人没有委托辩护人，公安机关、人民检察院和人民法院就应当通知法律援助机构指派律师为其辩护。

那么在一定情况下国家也可以将监护权范围拓展到需要被照顾的未成年人。国家监护作为亲权的补救措施，在未成年人的父母没有履行或者不适当履行法律规定的义务时，国家便可以超越亲权对未成年人进行强制干预和保护，代替那些不负责任或者无法承担监护职责的未成年人父母行使亲权，这时，国家成了未成年人的家长，承担了其父母本应承担的责任，而国家在履行监护职责时应当一切为了孩子的利益。国家代替未成年人父母行使亲权履行监护职责的行为可以称之为"国家亲权"。"国家亲权"理念的本意在于督促国家积极主动地介入未成年人的生活，以未成年人监护人的身份来对未成年人的利益进行保护。国家亲权理念在未成年人犯罪的刑事立法及案件诉讼过程中对未成年人的法律援助、法庭教育、合适成年人参与制度等均提供了理论性指导。

（二）儿童最大利益原则

儿童最大利益原则是在 1959 年 11 月 20 日联合国大会通过的《儿童权利宣言》中提出的，但宣言并不具有普遍约束力。其原则二规定，儿童应享受特别保护，并应以法律及其他方法予儿童以机会与便利，使其能在自由与尊严之情境中获得身体、心智、道德、精神、社会各方面之健全与正常发展。为达此目的，制定法律时，应以儿童之最大利益为首要考虑。① 在 1989 年 11 月联合国大会通过的《儿童权利公约》中该原则予以确立并得到了国际社会的普遍认同和支持。该原则在各国制定有关儿童的法律、政策及处理儿童问题中发挥着重要的指引作用，也是各国发展少年司法制度的基础性理念。儿童最大利益原则强调儿童是社会的弱势群体，国家的一切行为都应以儿童利益作为根本出发点，同时还应时刻维护儿童的权益，全面关注儿童身心发展和权利的特殊性。《联合国少年司法最低限度标准规则（北京规则)》确立的未成年人社会调查制度遵循了儿童最大利益原则，该原则将未成年人作为独立个体区别于成年人，充分尊重了未成

---

① 参见《联合国公约与宣言》，https：//www.un.org/zh/documents/treaty/A – RES – 1386%28XIV%29。

年人的社会地位及法律地位，同时也使得司法机关在对涉罪未成年人作出裁判前能充分掌握涉罪未成年人的情况，针对个体的差异决定不同的处理方式，为涉罪未成年人的保护、教育及重新回归社会起到了参考作用，从而最大限度保障了涉罪未成年人的合法权益。

《法律援助法》第4条明确规定法律援助为政府的责任，县级以上政府应当采取措施积极推动法律援助工作的开展；第25条规定对于没有委托辩护人的未成年人，公安机关、人民检察院、人民法院应当通知法律援助机构，法律援助机构应当为其提供法律援助。上述条文内容明确了以政府为责任主体的未成年人刑事法律援助制度，即由政府提供法律援助经费，组建法律援助机构，完善未成年人法律援助机制，从而为未成年人提供符合其实际需求的法律援助服务。在《法律援助法》第16条与《律师法》第42条的条文表述中，法律援助又被明确为一项律师责任，明确律师应当依照国家规定履行法律援助义务，为当事人提供合乎标准的法律服务。

四、未成年人刑事案件处理的特别程序

（一）社会调查

未成年案件社会调查是指在对未成年人刑事案件作出处理前，公安机关、检察机关、法院可以对未成年犯罪嫌疑人、被告人的成长经历、犯罪原因、监护教育等情况进行调查，将所形成的调查报告作为处理决定和教育的参考依据的制度。《刑事诉讼法》第279条规定："公安机关、人民检察院、人民法院办理未成年人刑事案件，根据情况可以对未成年犯罪嫌疑人、被告人的成长经历、犯罪原因、监护教育等情况进行调查。"

（二）合适成年人到场

《刑事诉讼法》第281条规定："对于未成年人刑事案件，在讯问和审判的时候，应当通知未成年犯罪嫌疑人、被告人的法定代理人到场。无法通知、法定代理人不能到场或者法定代理人是共犯的，也可以通知未成年犯罪嫌疑人、被告人的其他成年亲属，所在学校、单位、居住地基层组织

或者未成年人保护组织的代表到场，并将有关情况记录在案。到场的法定代理人可以代为行使未成年犯罪嫌疑人、被告人的诉讼权利。到场的法定代理人或者其他人员认为办案人员在讯问、审判中侵犯未成年人合法权益的，可以提出意见。讯问笔录、法庭笔录应当交给到场的法定代理人或者其他人员阅读或者向他宣读。讯问女性未成年犯罪嫌疑人，应当有女性工作人员在场。"

合适成年人到场是对未成年人的特殊保护，是为了防止未成年人被公权力侵害。但是实践中合适成年人到场制度表现出"形式化"倾向，以致出现无用论观点。主要表现为并非每次讯问都有合适成年人到场，或表面在场（讯问笔录有签名）实际上不在场，或合适成年人到场但仅是纯粹的"旁听者"。此外，有的合适成年人甚至乱作为，变成侦查人员的帮助者。在办理未成年人刑事法律援助案件中对此应当着重注意。

（三）附条件不起诉

附条件不起诉制度是对一些犯轻罪且有悔罪表现的未成年人，人民检察院决定暂不起诉，对其进行监督考察，根据其表现再决定是否起诉。附条件不起诉制度给了犯轻罪的未成年人一次改过自新的机会，避免了执行刑罚对其造成的不利影响，有利于使其接受教育，重新融入正常的社会生活。[1]

《刑事诉讼法》第282条的规定，附条件不起诉制度的适用应符合以下条件：第一，主体条件，适用未成年人犯罪案件；第二，罪名条件，必须是涉嫌《刑法》"分则"第四章、第五章、第六章规定侵犯公民人身权利与民主权利、财产权利或者妨害社会管理秩序的轻微犯罪，并且是依法可能被判处一年以下有期徒刑、管制、拘役或单处罚金的刑罚；第三，主观条件，行为人有悔罪表现；第四，程序条件，人民检察院作出附条件不起诉的决定以前，应当听取公安机关、被害人的意见。

关于考验期，《刑事诉讼法》第283条规定："在附条件不起诉的考验

---

① 刘学敏：《检察机关附条件不起诉裁量权运用之探讨》，载《中国法学》，2014年第6期。

期内，由人民检察院对被附条件不起诉的未成年犯罪嫌疑人进行监督考察。未成年犯罪嫌疑人的监护人，应当对未成年犯罪嫌疑人加强管教，配合人民检察院做好监督考察工作。附条件不起诉的考验期为六个月以上一年以下，从人民检察院作出附条件不起诉的决定之日起计算。"

（四）分别关押

《刑事诉讼法》第 280 条第 2 款规定："对被拘留、逮捕和执行刑罚的未成年人与成年人应当分别关押、分别管理、分别教育。"从而防止成年嫌疑人对未成年人的不良影响。

（五）犯罪记录封存

《刑事诉讼法》第 286 条规定："犯罪的时候不满十八周岁，被判处五年有期徒刑以下刑罚的，应当对相关犯罪记录予以封存。犯罪记录被封存的，不得向任何单位和个人提供，但司法机关为办案需要或者有关单位根据国家规定进行查询的除外。依法进行查询的单位，应当对被封存的犯罪记录的情况予以保密。"

第二节　未成年人刑事法律援助的实施

一、未成年人刑事法律援助的指派流程

（一）法律援助通知

公安、检察院、法院在侦查、审查起诉、法院审判阶段立案后，发现涉罪未成年人未聘请律师的情况，应当及时向法律援助机构发送《提供法律援助通知书》《拘留证》《起诉书》等相关材料，通知法律援助机构指派律师提供辩护。

（二）受理、审查

法律援助中心接到通知后，需要受理审查，以确定是否符合法律援助的条件。对于符合法律援助条件的，根据通知书提供的信息在法律援助律师库中选择合适的律师，确定指派后法律援助中心向该律师所在律师事务所发送《指派通知书》，确立指派关系。

（三）回复

法律援助中心确定指派律师后，向公安、检察院、法院出具《法律援助复函》，回复是否决定给予法律援助及提供法律援助律师的律师事务所、姓名、联系方式等内容。

二、未成年人刑事法律援助案件的流程

（一）侦查阶段介入

1. 及时与侦查机关联系，了解犯罪嫌疑人涉嫌罪名。

2. 尽可能与犯罪嫌疑人的监护人联系，了解犯罪嫌疑人成长及家庭情况。

3. 及时会见犯罪嫌疑人。一方面，为其提供法律帮助并做好安抚工作；另一方面，取得其本人的信任及委托。

4. 应当了解未成年犯罪嫌疑人实施被指控犯罪行为时的年龄是否与其真实年龄相符，与真实年龄不符的，应当代其向办案机关提出核实其真实年龄的申请，进行相关调查。

5. 了解未成年人被讯问时是否有监护人或其他合适成年人在场的情况。

6. 应当及时了解办案机关是否委托有关机构或人员对未成年人开展社会调查的情况；未开展社会调查的，律师应当建议办案机关对未成年人开展社会调查；律师也可以主动就未成年人的性格特点、家庭状况、生活环境、学习环境、社会交往、成长经历、心理状态以及实施被指控犯罪前后

的表现等情况进行调查，形成调查报告。

7. 办案机关已委托其他机构或者人员开展社会调查的，律师应当向办案机关申请查阅社会调查报告。律师认为社会调查报告不全面或者遗漏对未成年人有利的重要信息的，应当申请办案机关补充社会调查或者自行收集未成年人的社会背景信息。

8. 应当对逮捕必要性提出辩护意见。犯罪嫌疑人符合取保候审条件的，应当及时提供材料，为其申请取保候审。

9. 犯罪嫌疑人对鉴定结论有异议的，可以帮助其申请补充鉴定或重新鉴定。

10. 认为犯罪嫌疑人不构成犯罪、涉嫌罪名认定不当，或者存在《刑事诉讼法》所规定的不予追究刑事责任情况的，应当向办案机关出具法律意见书，提出纠正意见。

11. 发现侦查人员有侵犯犯罪嫌疑人人身权利、诉讼权利或其他合法权益，或者发现有管辖不当、非法搜查、非法羁押、非法扣押及其他违反法律规定情况的，应当向有关机关出具法律意见书或代其提出控告。

（二）审查起诉阶段介入

在审查起诉阶段，法律援助律师的工作主要包括以下几个方面：

1. 应当到人民检察院查阅、摘抄、复制案件有关材料。

2. 犯罪嫌疑人在审查起诉阶段被超期羁押的，律师可要求办案单位释明原因，依法要求对其释放或变更强制措施。

3. 发现未成年人存在异常精神和心理状态时，应当帮助或者建议家长向人民检察院申请为其作精神病鉴定、心理状况评估。未成年犯罪嫌疑人的人身受到伤害的，律师应当为其申请伤情程度和人体损伤致残程度鉴定。

4. 对于人民检察院依据《刑事诉讼法》作出附条件不起诉和不起诉决定的，犯罪嫌疑人不服，律师认为于法有据的，可代理其向人民检察院申诉。

5. 应当为在押的、符合取保候审条件的犯罪嫌疑人申请取保候审并提供材料。

6. 应当及时、有效地和人民检察院沟通，提出对犯罪嫌疑人的处理意见、量刑建议等，提交相应证据。

7. 应当积极促成与被害人的和解，取得被害人谅解，化解矛盾。

8. 对人民检察院附条件不起诉考察期满后决定不起诉以及其他决定不起诉的未成年人涉嫌犯罪案件，律师应当帮助未成年人提出相关记录封存申请，请求人民检察院等相关机构依法对相关材料予以封存。

（三）法院审判阶段介入

除以上侦查、审查起诉阶段的工作外，法律援助律师在法院审判阶段还应当做到：

1. 在开庭前草拟辩护意见，庭前准备工作应当充分。

2. 发现管辖不当的，及时提出书面管辖异议。

3. 在开庭前会见被告人时，听取被告人陈述和辩解，了解司法机关的诉讼程序有无违法之处，向被告人介绍法庭审理程序和常用专业术语，告知被告人庭审中的诉讼权利义务，提示被告人重视最后陈述。

4. 了解未成年被告人家庭是否具有监护帮教条件。

5. 亲自、准时参加庭审，记录庭审笔录。

6. 当庭发表辩护意见，针对控诉方的指控，从事实是否清楚、证据是否确实充分、适用法律是否准确无误、诉讼程序是否合法等方面进行分析论证。发表辩护意见时，提出具体的量刑建议和理由。

7. 宣判后，会见被告人，询问其对判决的意见及是否上诉。

8. 当事人不服判决、认为该判决于法无据时，建议其息诉服判。

9. 向法院提出对未成年被告人的犯罪记录予以封存的申请，建议法院等相关机关对与未成年人犯罪案件的相关材料予以封存。

10. 在刑事诉讼各个阶段，保护未成年人的隐私和名誉，避免过失泄露未成年人犯罪的信息或者扩散。

（四）为未成年被害人担任代理人

1. 应当帮助被害人调取证据、申请有关机关立案。

2. 应当对被害人的隐私权给予特别保护。

3. 应当采取措施避免来自各方面的对被害人的继续伤害。

4. 询问被害人时应当通知监护人到场；性侵害案件监护人未到场或应被害人要求的，应当有同性别律师在场。

5. 应当建议办案机关对受害人的心理伤害进行心理辅导或治疗。

6. 应当协助被害人，要求司法机关保障被害人参与整个诉讼的权利。

7. 应当向被害人及其监护人释明刑事附带民事诉讼的受案范围，帮助被害人提起刑事附带民事诉讼。

8. 应当促成民事赔偿部分与加害人的和解，为被害人争取经济赔偿。

9. 被害人及其监护人在附带民事诉讼中请求精神损害赔偿的，应当向其解释相关法律规定，建议其将心理和精神损害转化为治疗行为的物质性损害赔偿，并提供相关诊断证明、治疗费用票据、病历等证据材料。

三、未成年人刑事法援案件结案与归档

1. 应当对办案的过程进行完整的记录，办案记录应当包括以下方面内容：当事人申请法律援助情况、当事人提供证据以及律师调查取证情况、主持和参与调解情况、与相关部门联络情况、相关单位或人员对援助工作的评价与反馈、承办律师认为应当记录的其他内容。

2. 案件办结，应当及时撰写结案报告。结案报告应包含以下有效信息：案件当事人基本情况、案情介绍、办案记录、案件结果、判决对律师代理或辩护意见的采纳情况、分析与建议。

3. 结案报告应当客观、条分缕析，对案件办理过程中的难点、焦点及经验与不足进行归纳。

4. 案件办结，应当及时将与案件有关的材料订卷交回法律援助中心归档。卷宗归档材料应当包括以下内容：（1）未成年人法律咨询登记表；（2）法律援助申请表及附件材料；（3）法律援助协议；（4）授权委托书；（5）起诉书；（6）阅卷笔录（接待笔录）；（7）证据材料；（8）庭审笔录；（9）辩护词；（10）判决书；（11）承办法律援助事务登记表；

（12）法律援助案件结案报告；（13）法律援助工作征询意见表；（14）为案件支出的相关财务票据；（15）撰写的与案件有关的文章；（16）律师认为应当归档的其他材料。

第三节　未成年人刑事法律援助的实训

一、少年案件实训案例一

2016 年 6 月曾某某（2000 年 2 月生）在某饮品店上班，其发现店长周某将一部贵重的手机放在餐桌上。于是趁周某到负一楼工作时，曾某某将同事的手机偷走，然后立即离开店铺，并于当天晚上以 600 元卖给一名回收手机的男子。经鉴定该手机价值人民币 4 000 元。后周某报警，曾某某被抓获。

【实训项目】

通过会见了解犯罪事实，确定辩护方案。

会见的重要目的是通过嫌疑人的陈述掌握犯罪事实经过，特别是在侦查阶段，证据处于保密状态，辩护律师无法看到证据，只能通过会见嫌疑人了解犯罪事实经过。律师通过会见，全面掌握犯罪的主体、时间、地点、起因、经过、结果。通过已掌握的情况，确定对嫌疑人的最佳辩护方案。在广东一类地区，盗窃罪"数额较大"的入罪标准为 3 000 元，所以，本案中手机的价值对于构罪与否至关重要，应重点了解。

【实训步骤】

步骤一：将学生分成若干组，其中一人为观察员，两人分别扮演被告人曾某某、被告人的监护人，另外两人扮演负责会见的律师。

步骤二：由律师会见当事人，观察员进行观察，教师巡回观察各组情况。

步骤三：观察员汇报本组会见情况，其他人员可作补充。

步骤四：评估。

二、少年案件实训案例二

吴某系未成年人，初中辍学后与朋友到某市打工。2015 年 11 月 9 日 23 时左右，范某及女友黄某等人在一流动算命摊位看相，吴某及其朋友苏某、周某、陈某等上前围观。期间吴某与黄某搭讪，范某认为吴某调戏黄某遂出声质问，随后双方发生争执并打斗。吴某掏出随身携带的一把 15 厘米长、5 厘米宽的刀具参与斗殴，打斗过程中范某被人从背后捅伤。范某报警并指认被吴某捅伤。经鉴定范某右胸部创伤深 10 厘米，宽 3 厘米，右侧血胸、右膈肌裂伤，符合锐器作用所致，达到重伤二级。吴某否认自己捅伤范某，辩称自己当晚虽然携带刀具但并未捅伤范某，捅伤范某的是其同伙苏某某，其当晚看到苏某某手持一长约 10 厘米，宽 3 厘米的匕首，并看到匕首上有血迹。检察机关以吴某涉嫌故意伤害罪对其提起公诉。

【实训项目】

通过会见了解吴某的辩解理由及证据线索。

刑事案件的证明标准是案件事实清楚，证据确实充分，并且排除合理怀疑。对于嫌疑人的辩解，应当结合其他证据判断是否合理，对于辩解的理由是否有其他证据予以佐证，其能否提供其他证据线索以进一步证实辩解的成立。

【实训步骤】

步骤一：将学生分成若干组，其中一人为观察员，两人分别扮演被告人吴某、被告人的监护人，另外两人扮演负责会见的律师。

步骤二：由律师会见当事人，观察员进行观察，教师巡回观察各组情况。

步骤三：观察员汇报本组会见情况，其他人员可作补充。

步骤四：评估。

三、少年案件实训案例三

李某初中辍学后随老乡到某市某企业打工。某天下午，李某工作时间偷懒被小组长王某发现，王某批评教育李某，李某不服遂与之发生口角和打斗，后二人被工友分开。王某仍然不解气，对李某说"下班别走，工厂门口见"。李某遂离开车间，到附近商店购买水果刀一把，将其藏入怀中，孤身一人回到工厂门口。工厂门口的摄像头显示从下午5点30分至6点期间，6名不明身份的年轻男子三次围拢在李某身旁与其交谈，李某以为是王某叫来打架的人。6点05分时，王某下班后走出工厂门口与李某相遇，李某认为自己势单力薄先下手为强，遂二话不说掏出水果刀一刀刺入王某胸口，见王某流血倒地逃离现场，6名不明身份的人员中有2人进行追赶。第二天李某被警方抓获。

【实训项目】

会见中了解李某事发前与王某发生口角的过程及6名男子的交谈过程。

未成年人杀人案件往往是由于未成年人的心智尚不成熟，情绪易冲动，容易受到外界刺激而作出过激举动。通过会见，掌握未成年嫌疑人的犯罪动机和心理状态，了解其作出杀人行为前的细节，找到对其有利的情节。

【实训步骤】

步骤一：将学生分成若干组，其中一人为观察员，两人分别扮演被告人李某、被告人的监护人，另外两人扮演负责会见的律师。

步骤二：由律师会见当事人，观察员进行观察，教师巡回观察各组情况。

步骤三：观察员汇报本组会见情况，其他人员可作补充。

步骤四：评估。

四、少年案件实训案例四

曹某系初中学生，刚满 14 周岁，经女同学介绍认识梁某（女）。一日，梁某找到曹某要求其作自己男朋友并替自己报复前男友，曹某答应其要求。后二人来到曹某家的出租屋玩，一开始二人躺在曹某的床上玩游戏，期间曹某开始抚摸梁某，梁某未拒绝，曹某试图与梁某发生关系，但是未能得逞，遂作罢。后二人聊天，曹某得知梁某未满 14 周岁。梁某回家后，其父母得知事情经过遂带梁某到派出所报警。

【实训项目】

通过会见掌握曹某与梁某之间的关系和曹某对梁某未满 14 周岁是否明知。

现今的未成年人越来越早熟，初中生谈恋爱已经司空见惯甚至成为风气。未成年男女朋友之间发生性关系也不是新鲜事。但是很多初中女生发生关系时未满十四周岁，未达到性同意年龄。对此，能否认定男生构成强奸？根据最高人民法院、最高人民检察院、公安部和司法部联合发布的《关于依法惩治性侵害未成年人犯罪的意见》，其中第 4 条明确"对于未成年人实施性侵害未成年人犯罪的，应当坚持双向保护原则，在依法保护未成年被害人的合法权益时，也要依法保护未成年犯罪嫌疑人、未成年被告人的合法权益"。第 27 条明确"已满十四周岁不满十六周岁的人偶尔与幼女发生性关系，情节轻微、未造成严重后果的，不认为是犯罪"。所以，通过会见掌握曹某与梁某之间的关系及曹某对梁某未满 14 周岁是否明知，至关重要。

【实训步骤】

步骤一：将学生分成若干组，其中一人为观察员，两人分别扮演被告人曹某、被告人的监护人，另外两人扮演负责会见的律师。

步骤二：由律师会见当事人，观察员进行观察，教师巡回观察各组情况。

步骤三：观察员汇报本组会见情况，其他人员可作补充。

步骤四：评估。

第四节　未成年人刑事法律援助的评价

一、未成年人刑事法律援助评价

根据未成年人刑事法律援助实训内容，评价主要包括以下四个方面：首先，自我评价，即学生对其在未成年人刑事法律援助实训中的表现进行评价。其次，当事人评价，即当事人（学生）对学生作为律师的刑事法律援助表现进行评价。再次，观察员评价，即作为观察员的学生对刑事法律援助流程及能力进行评价。最后，教师评价，即教师对整个实训过程进行的综合性评价，具体评价未成年人刑事法律援助的准备计划是否充足、援助律师应变能力强弱、援助过程是否顺利等。

【未成年人刑事法律援助评价表】

评价内容/得分		1	2	3	4	5	6	7	8	9	10	总分
学生评价	自我评价											
	当事人评价											
	观察员评价											
	教师评价											

二、未成年人刑事法律援助改进

1. 你的会见前工作准备如何？

2. 你与对方的沟通效果如何？哪些因素影响了沟通效果？

3. 你是否有效控制了会见过程？是否作了结论性的评判？有无打断当事人陈述的情况？

4. 你与搭档配合默契吗？你认为哪些地方还需要改进？

5. 你完全遵守职业道德了吗？遵守职业道德和达到你的目的之间是否存在矛盾？如果有，你将如何调和这种矛盾？

6. 你认为当事人对会见是否满意？为什么？

第 **8** 章　刑事法庭调查与法庭辩论

第一节　刑事法庭调查

一、刑事法庭调查的概述

（一）概念

刑事法庭调查具有广义和狭义之分。广义的刑事法庭调查主要包括三个部分：一是庭前会议，一般在大案要案或非法证据排除时召开；二是法庭证据展示；三是法庭庭审中或庭审后的证据调查。狭义的刑事法庭调查，仅限于庭审中控辩双方及其他诉讼参与人，在法官的主持下，通过开展当庭陈述、控辩双方交叉发问和轮流举证、质证的方式，查明案件相关证据和犯罪事实的刑事诉讼活动。本节主要探讨狭义的法庭调查。从诊所法律教育看，应主要侧重让学生了解和初步掌握狭义法庭调查中控辩双方的当庭陈述、发问、举证、质证内容与技巧。

（二）目的

刑事法庭调查是法庭审判的核心环节之一，其任务是通过公开审理来核实涉案相关证据材料，以查明与案件相关的法律事实。因此，凡是未经过法庭调查的证据，均不能作为认定案件事实的依据。这意味着，任何证据材料，无论是用于指控被告人有罪或者罪重的证据，还是用于证明被告人罪轻乃至无罪的证据，均须经过法庭调查。证据材料经证据开示、质证程序后，才能作为法庭据以作出裁判的依据。实践中常常会出现检、法、律师（当事人）多方为了一个简单的证据材料开示和质证工作，不远千里赶赴法庭的现象。

（三）主要流程

1. 一审刑事案件法庭调查的主要程序及步骤

（1）宣读起诉书。法庭调查的第一步，由审判长宣布公诉人宣读起诉书。

（2）被告人或被害人陈述。起诉书宣读后，审判长宣布可由被告人或被害人针对起诉书所指控的犯罪事实，分别发表各自意见。

（3）法庭核实被告人认罪认罚的真实性、有效性情况。如是否自愿认罪认罚，认罪认罚时是否有律师在场见证等。

（4）讯问被告人。在审判长主持下，公诉人围绕起诉书所指控的犯罪事实对被告人进行发问。被害人或其诉讼代理人进行补充发问。辩护人对被告人进行发问，若有多个被告人，一般先由正被讯问的被告人的辩护人发问，其他辩护人依次发问。

（5）询问证人、鉴定人。询问证人、鉴定人顺序和讯问被告人顺序基本一致。

（6）法庭举证质证。公诉人、辩护人分别出示相关证据，并围绕证据的合法性、关联性、真实性进行质证。

（7）调取新的证据。在法庭审理过程中，公诉人、被告人及其辩护人、被害人及其诉讼代理人都有权申请通知新的证人到庭，调取新的物证、申请重新鉴定或者勘验等，但最终是否调取由法庭决定。

（8）法庭调查程序的停止与恢复。庭审过程中，法庭如需调取新的证据，则宣布暂时休庭，待新的证据调取后再宣布恢复法庭调查。实践中，调取新的证据一般是在一次庭审结束后，法庭根据检察官、当事人或辩护人的申请或案情需要，在庭后开展。证据调取后，择日重新开庭。

2. 二审刑事案件法庭调查主要程序和步骤（被告人上诉案件）

（1）法庭宣读一审刑事判决。

（2）上诉人陈述上诉理由。

（3）讯问原审被告人。在审判长主持下，辩护人、出庭检察官依次对上诉人（原审被告人）进行讯问，审判长或审判员对上诉人（原审被告人）进行发问。

（4）询问证人、鉴定人。

（5）举证、质证。辩护人、出庭检察官依次出示新的证据材料。

（6）调取新的证据。

（7）法庭调查程序的停止与恢复。

对于检察机关抗诉的二审案件，法庭调查步骤与顺序与被告人上诉案件基本一致，主要区别在于辩护人与出庭检察官在每个环节率先发言的顺序相反。

二、刑事法庭调查的主要内容及技巧

（一）举证顺序

根据我国《刑事诉讼法》的相关规定，证据的法定种类分为八种：物证；书证；证人证言；被害人陈述；犯罪嫌疑人、被告人供述和辩解；鉴定意见；勘验、检查、辨认、侦查实验等笔录；视听资料、电子数据。

举证顺序没有固定的规律可言，因为不同案件的具体情况不同，举证的顺序亦有所不同。举证目的是在把案件事实阐述清楚的前提下，尽量让庭审参与人对案件证据印象深刻，吸引大家跟着举证人的思路走。举证人就像是一个导演，案情就是剧情，在剧情内容不变的情况下，如何让剧情更加清晰、明了，如何让剧情更加深入浅出，引人入胜，很大程度上取决于"导演"对情节的安排，即举证顺序。

常见举证顺序有如下两种。

1. 主题归类法。将证据分门别类归入相应的主题，然后依次对各主题内的证据进行排列。

一般而言，几乎所有刑事案件证据材料都可以归类为如下四个主题：（1）证明发、破案经过及犯罪嫌疑人归案情况的证据；（2）证明案件基本事实的证据；（3）证明犯罪嫌疑人、被害人或其他相关当事人身份、经历等情况的证据；（4）其他证据材料，如涉案相关财物的查扣、归属、处理情况等。

对各大主题下的证据可以继续进行分类。对于"发、破案经过及犯罪嫌疑人归案情况的证据"，可细分为证明案件被发现并被侦查机关破案的证据；证明犯罪嫌疑人归案情况的证据；证明犯罪嫌疑人归案后被采取何种强制措施的证据等。

对于"证明案件基本事实的证据"，可细分为证明案发起因、经过的证据；证明在案发现场发现、抓获相关人员，查获、提取的相关物证、书证、痕迹等证据；证明犯罪因果关系的证据。

证明犯罪嫌疑人、被害人或其他相关当事人身份、经历等情况的证据可细分为证明犯罪嫌疑人、被害人等相关诉讼参与人的基本身份信息及是否具有特殊身份（如未成年人、老年人、残疾人等）的证据；证明犯罪嫌疑人是否具有自首、立功、认罪认罚、退缴违法所得等从轻量刑情节的证据；证明犯罪嫌疑人前科劣迹、索贿、利用未成年人犯罪等从重量刑情节的证据。

2. 顺序时间法。根据上述主题划分证据后，可以将其再依照顺序时间进行排列，即按照案件发展的起因、经过、结果的时间先后顺序进行排列。另外，对于犯罪嫌疑人或被告人不认罪且其供述可能导致证明案件主要事实引起较大争议的，亦可以采取更加有利于证明案件事实的方法，如时间倒叙法。即先出示证明犯罪结果的证据，然后出示在案发现场发现、抓获相关人员及在现场发现查获的其他相关物证及提取的痕迹等证据；最后出示证明案发经过及犯罪动机的证据。时间倒叙法，既可以是全部倒叙亦可以是部分倒叙，顺序排列的关键是如何能更加有效地展示证据，证明犯罪事实。

（二）质证

1. 法庭质证的目的。法庭调查环节中的举证、质证阶段，主要是公诉人、辩护人及相关当事人将用于证明己方主张的所有证据向法庭出示，接受对方的审阅、质疑、论证，以确定哪些证据可以作为认定案件事实的依据。

2. 法庭质证的内容。法庭质证，质的是证据的"三性"问题，即证据的合法性、关联性、真实性。当一方向法庭出示证据，对方要发表的质证意见应紧紧围绕证据的"三性"问题展开，而对于证据的综合性评价应当在法庭辩论时发表。无论法庭是一证一质，还是一组证据一质，还是全部证据一起质证，都需紧紧围绕每个证据的"三性"来进行。

证据的合法性，是指"证据是否符合法定证据种类、提取的过程是否符合法律及相关司法解释的要求"①。比如，侦查机关现场截获的犯罪嫌疑人运输毒品的案件，现场提取查获的毒品，是否由专业人员依法提取、是否有见证人在场或同步录音录像；对毒品的鉴定，鉴定机构和鉴定人员是否具有相关鉴定资质等；再比如讯问犯罪嫌疑人时，是否有两名侦查人员在场，是否存在刑讯逼供；询/讯问未成年人时，是否有法定代理人或合适成年人在场，询/讯问女性未成年人时，是否至少有一名女性工作人员在场，等等。

证据的关联性，是指证据与其所证明的事实间的关联程度，关联性越大，证明力越强，关联性越小，证明力越弱。例如，在一起盗窃案中，证人提供的证言，可能影响到犯罪嫌疑人是否在案发现场或有否作案时间的问题，那么该证言就与犯罪嫌疑人是否盗窃这一事实有很大的关联性；反之，若该证言只是证明犯罪嫌疑人的品格好坏、家庭情况，那么与犯罪嫌疑人本次盗窃的事实间的关联性则微乎其微。

证据的真实性是指证据指认的内容是否属实。比如，一份证明犯罪嫌疑人身份的驾驶证信息的真实性，可以通过是否合法提取、是否与其他证据材料如犯罪嫌疑人的户籍证明等相印证，来证明该份证据所证明的内容的真实性。

3. 不属于法庭质证阶段的内容。如前所述，法庭质证，质的是每个证据的合法性、关联性、真实性。而对于证据能否全面、充分证明公诉人指控的全案犯罪事实，不应当在质证阶段讨论。因为全案犯罪事实需要结合所有的证据进行综合全面的逻辑分析才能得出结论。

---

① 赵鹏：《刑事出庭修炼手册：成为高手的100个思维策略》，法律出版社2017年版，第278页。

三、刑事法庭调查中的常用文书示范

【起诉书】

＊＊＊＊＊＊人民检察院
起 诉 书

＊＊＊＊＊＊号

被告人＊＊＊

被告人＊＊＊

…………（写明所有被告的基本身份信息、前科及被采取的强制措施情况等）

本案由＊＊＊＊＊＊（写明侦查单位）调查（侦查）终结，以被告人＊＊＊、＊＊＊（写明被告人姓名）涉嫌＊＊＊＊＊＊罪（多名被告人涉嫌不同罪名的，分开阐述），于＊＊＊＊年＊＊月＊＊日向本院移送审查起诉。（写明受理案件后依法所做的主要工作，如告知被告人、被害人及其法定代理人、近亲属等相关诉讼参与人的诉讼权利及义务等；是否听取相关诉讼参与人意见，案件材料是否全部审查，是否有退查、自行补充侦查、延长审限等情况。）

经依法审查查明：

……（写明经审查所认定主要犯罪事实及相关量刑情节，如案件的基本犯罪事实、被告人的归案情况、退赃情况、赔偿被害人损失或与被害人是否达成和解协议等，对于共同犯罪的，写明共同犯罪人各自在犯罪中的地位作用等。）

认定上述事实的证据如下：（摘要列举主要证据材料。）

（对于认罪认罚的被告人，写明其认罪认罚情况。）

本院认为，……（总结概述被告人的行为所触犯的法律及认定的罪名；以及依法可以或应当从轻、减轻、从重、加重处罚的相关法律规定。）

根据《中华人民共和国刑事诉讼法》第……条的规定，提起公诉，请依法判处。

此致

＊＊＊＊＊＊人民法院

检 察 官＊＊＊、＊＊＊
检察官助理＊＊＊、＊＊＊

年　月　日

附件：（写明需要附注的事项：如被告人现在被采取强制措施的场所、联系方式等；移交的相关卷宗和法律文书清单、相关涉案款物移交情况及处理建议、被害人是否附带民事诉讼等。）

【法庭讯问提纲】

******人民检察院
法庭讯问提纲

被告人：＊＊＊、＊＊＊
案由：＊＊＊＊＊＊、＊＊＊＊＊＊罪
讯问人：
讯问重点：
1.
2.
3.
……

【举证、质证提纲】

******人民检察院
举证、质证提纲

审判长，公诉人现就本院指控被告人＊＊＊、＊＊＊犯＊＊＊罪（多名被告人涉嫌不同罪名的，分开阐述）的犯罪事实进行举证。

一、物证：……

二、书证：……

三、被害人陈述：……

四、证人证言：……

五、被告人供述和辩解：……

六、鉴定意见：……

七、勘验检查辨认侦查实验等笔录：……

八、视听资料和电子数据等证据材料：……

……

审判长，本案有关证据现已出示完毕，以上证据……（总体归纳），足以证明起诉书所指控的……，请法庭予以采信。

第二节 刑事法庭辩论

一、刑事法庭辩论的概述

（一）概念

刑事法庭辩论，是指在法庭审理过程中，公诉人、当事人及辩护人围绕案件的事实、证据及相关法律适用问题发表各自意见，进行辩论的过程。[①] 刑事法庭辩论有广义和狭义之分。广义的刑事法庭辩论，是指在法庭审理的全过程中公诉人、当事人以及辩护人互相辩论的过程。狭义的刑事法庭辩论仅限于法庭调查结束之后至被告人最后陈述之前的这一阶段。[②] 本节探讨的是狭义的法庭辩论。

（二）任务和目的

刑事法庭辩论任务，重点在于对证据进行综合分析以论证己方认定的事实，以及所适用的法律问题，以达到说服审判者的目的。因而，在法庭辩论中公诉人与辩护人之间没有必要互相较劲，而应当将重点放在说服审判者上。

控辩双方说服审判者的最终目的是维护己方利益。辩护方的利益就是受当事人委托，为其委托人争取最大的利益；公诉方的利益，就个案而言是对被告人的有罪判决，而其整体根本利益是代表国家指控犯罪，追求案件的真相、维护相关诉讼参与人的合法权益。

---

① 彭东主编：《国家公诉人出庭指南》，法律出版社 2013 年版，第 217 页。
② 彭东主编：《国家公诉人出庭指南》，法律出版社 2013 年版，第 217 页。

二、刑事法庭辩论的主要内容及注意事项

（一）刑事法庭辩论主要内容

法庭辩论，无论是控方还是辩方，在法庭辩论环节中所围绕的内容都是一样的，主要包括三部分：第一，案件事实证据情况的认定与分析；第二，案件的定性及法律适用意见；第三，被告人认罪认罚情况及量刑分析。此外，控辩双方可以在价值层面上作进一步升华，即法庭教育或价值渲染。

因此，在法庭辩论的首轮发言中，公诉人的公诉意见一般应包括以下几部分内容：第一，起诉书所指控的犯罪事实清楚、证据确实充分；第二，被告人所实施的行为依法构成某某罪；第三，被告人所具有的量刑情节（认罪认罚、自首、立功、退赃等从轻情节；累犯等从重情节），以及据此对被告人提出的量刑建议；第四，法庭教育和法治宣传。

相反，作为辩方，首轮辩论意见一般应包括以下几部分：首先，起诉书所指控的（部分）犯罪事实不清、证据不足；其次，现有证据不足以认定被告人的行为构成某某犯罪或虽构成犯罪，但具有从轻处罚情节；最后，被告人的处理意见及价值升华。

在第一轮的发言后，控辩双方主要针对第一轮发言的争议焦点在审判长的主持下进行论辩。

（二）刑事法庭辩论注意事项

注意事项一：不能以势压人

法庭上应该有气势，但气势并非以势压人。气势，是法律人基于扎实的庭前准备、精心的出庭预案、稳定沉着的应变以及适当的语言，在法庭上展现出专业的形象和给当事人树立信心。"以势压人"则是凭借自身的权势或其他身份优势去压制他人。以势压人不但达不到预期的"说服"效果，还有可能激起人们同情弱者的心态，削弱人们对发言者的信任，把本

来有可能争取到的人心推向彼方。

但在司法实践中，以势压人的情况时有发生。例如，公诉人对审判长恭恭敬敬，转头却对被告人厉声呵斥；身兼法学教授的辩护人对曾是其学生的公诉人严厉指责、训斥；等等。

注意事项二：切忌歪曲证据

诚实是美德，这点也适用于法庭，是法律人在法庭的"名片"。法律人在某一次法庭上不诚实，将会影响今后其在其他法庭上的可信性。例如，被告人张某雇佣被害人李某乘坐飞机帮其运输毒品，在过机场安检时，李某发现当日安检非常严格，就心生怯意。张某就建议被害人李某将毒品放在塑料袋内吞进腹中，之后再排泄出来，以实现毒品运输。张某见李某有些犹豫，就对李某说："做什么事情都是有危险的，你要是怕死不敢藏毒，你就别干了。但想要干大事，挣大钱，就得冒大风险，你这么畏畏缩缩的，什么风险都不敢冒，就什么大钱也挣不到！"经张某"激将"，李某当即愿意以腹中藏毒的方式携带毒品。结果李某虽使用此方法侥幸通过安检，但在飞机飞行途中，因毒品泄漏导致李某中毒且经抢救无效死亡。

法庭上被告人张某依然承认其对李某说过上述这番话，但作为辩护人如果将这句话解读为："这番话证明了被告人张某曾经劝说过被害人李某三思而后行，说明他已尽到告知义务"，就是对该番话本意的歪曲解读。因为按照传统文化的一般语意理解，被告人张某的表达方式，并非劝诫被害人，而是用"激将"法怂恿被害人去做违法的事情。辩护人不顾被告人的实际语义，而片面从该句话的字面含义对证据进行的解读，就是对证据的歪曲。辩护人的这种操作，无疑会影响其今后在法庭上的可信性。

注意事项三：不要人身攻击

任何人无论出于何种目的，都不能对法庭上的任何人进行人身攻击，哪怕是出于维护当事人的权益。因为这种人身攻击，无论效果如何，首先会被认为没有教养，而一个没有教养的人，一定不能成为一个合格的法律人。例如，在一起被告人涉嫌强奸案中，辩护人为了维护被告人的利益，而在法庭上表达："被告人是一个有着良好教养的高素质成功人士，是被害人穿着过于暴露、还像艳妓一样跳着低俗的舞蹈，一步步引诱被告人，导致被告人做出了冲动的事情……"法庭上辩护人可以直接提出被害人过错，但不能对被害人进行人身攻击。

三、刑事法庭辩论中的常用司法文书示范

（一）公诉人法庭辩论常用文书

【公诉意见书】

＊＊＊＊＊＊人民检察院
公诉意见书

被告人：＊＊＊、＊＊＊
案　　由：＊＊＊＊＊＊、＊＊＊＊＊＊罪
起诉书号：＊＊＊＊＊＊

审判长、审判员（人民陪审员）：
　　根据《中华人民共和国刑事诉讼法》第……条的规定，我（们）受＊＊＊＊＊人民检察院的指派，代表本院，以国家公诉人的身份，出席法庭支持公诉，并依法对刑事诉讼实行法律监督。现对本案证据和案件情况发表如下意见，请法庭注意。
　　第一、起诉书所指控的犯罪事实清楚、证据确实充分
　　……
　　第二、被告人的行为依法构成某某犯罪
　　……
　　第三、被告人具有的量刑情节以及对被告人的量刑建议
　　……
　　第四、法庭教育
　　……

公诉人：＊＊＊、＊＊＊
年　月　日当庭发表

【答辩提纲】

＊＊＊＊＊人民检察院
答辩提纲

……

（二）辩护人法庭辩论常用文书

【辩护意见书】

辩护意见书

审判长、审判员（人民陪审员）：

根据《中华人民共和国刑事诉讼法》第……条的规定，我受本案被告人的委托，并由＊＊＊＊＊＊律师事务所指派，担任被告人＊＊＊的辩护人，出庭为其辩护。通过会见被告人，查阅卷宗，参与庭审……，辩护人认为……，具体意见如下：

第一、起诉书指控的被告人＊＊＊构成＊＊＊＊＊＊罪的犯罪事实不清、证据不足

……

第二、依据现有证据能够认定被告人行为依法不构成犯罪（或虽然被告人构成犯罪，但其具有以下从轻量刑情节）

……

第三、……（价值升华）

审判长、审判员（人民陪审员），辩护意见发表完毕。

辩护人：＊＊＊
年　月　日

第三节　刑事法庭调查与法庭辩论的实训

一、少年案件实训案例一

2017 年 6 月 6 日至 9 日，张某趁同宿舍李某（17 岁）洗澡之际，偷拿李某的手机，并利用事先观察到的李某手机解锁密码以及曾经偷拍到的李某身份证、银行卡复印件等信息资料，冒用李某的身份操作他的微信，修改李某微信支付密码，先后三次将李某微信名下绑定的银行账户内的资金共计 60 500 元人民币转账至张某本人的微信账号。李某在发现钱不见后遂报案。

【实训项目】

1. 围绕张某的行为构成信用卡诈骗罪还是盗窃罪，开展法庭调查和法庭辩论；2. 围绕张某具有哪些法定从轻情节开展法庭辩论。

在本案中，若张某构成盗窃罪，根据我国《刑法》第 264 条及相关司法解释的规定，张某盗窃人民币 60 500 元，属于数额巨大情节，依法处三年以上十年以下有期徒刑；若张某的行为构成信用卡诈骗罪，根据我国《刑法》第 196 条及相关司法解释的规定，张某的诈骗数额为人民币 60 500 元，属于数额巨大情节，依法处五年以上十年以下有期徒刑。若张某认罪态度较好，自愿认罪认罚，甚至与被害人达成刑事和解，根据我国《刑事诉讼法》第 15 条、第 290 条及相关司法解释规定，依法可以从宽处罚。在此前提下，若本案认定张某构成盗窃罪，则其实际刑期最低为三年有期徒刑，结合我国《刑法》第 72 条的规定，被判处三年有期徒刑的张某符合条件可以适用缓刑；若本案认定张某构成信用卡诈骗罪，则其实际刑期最低为五年有期徒刑。不同罪名的认定及相关量刑情节，可能导致张某实际刑期及行刑方式的巨大差别。

【实训步骤】

步骤一：将学生分成单、双数组对模拟案例进行分析、讨论，单、双数组学生各选出 3 名代表，一人为观察员，两人分别扮演控方和辩方。

步骤二：由公诉人和辩护人参与法庭调查和法庭辩论，观察员进行观察，教师巡回观察各组情况。

步骤三：观察员汇报本组法庭调查和法庭辩论情况，其他人员可作补充。

步骤四：评估。

二、少年案件实训案例二

花花（女，化名）14 岁，热爱学习舞蹈。一次舞蹈结束后，她因太累就在舞蹈室睡着了（尚有几名学生未离开）。该舞蹈室的一名男老师阿华（男，化名）趁花花躺在地板上休息之机，对花花实施强奸，并造成花花轻伤二级。

【实训项目】

1. 围绕本案犯罪事实及相关证据开展法庭调查；2. 围绕本案是否属于在"公共场所""当众"实施强奸行为开展法庭辩论。

根据我国《刑事诉讼法》第 281 条及相关司法解释的规定，询问未成年被害人，应当通知其法定代理人到场，无法通知法定代理人或法定代理人不能或不适宜到场的，应当通知相关合适成年人到场；询问女性未成年被害人，应当有女性工作人员在场。根据上述规定，本案在开展法庭调查时，要重点关注涉未成年被害人的相关证据材料的收集与固定，尤其是询问未成年被害人时是否有法定代理人在场、询问女性未成年被害人时是否有一名女性工作人员在场等。

根据我国《刑法》第 236 条第 3 款的规定，"在公共场所当众强奸妇女的、奸淫幼女的"，系强奸罪的从重处罚情节，依法处"十年以上有期徒刑、无期徒刑或死刑"；根据最高法、最高检、公安部、司法部《关于依法惩治性侵害未成年人犯罪的意见》第 23 条的规定："在校园、游泳馆、儿童游乐场等公共场所对未成年人实施强奸、猥亵犯罪，只要有其他多人在场，不论在场人员是否实际看到，均可以依照《刑法》第 236 条第 3 款、第 237 条的规定，认定为在公共场所'当众'强奸妇女，强制猥亵、侮辱妇女，猥亵儿童。"根据上述规定，就本案中的"舞蹈室"是否属于公共场所，阿华的行为是否属于"当众"实施强奸开展法庭辩论。

【实训步骤】

步骤一：将学生分成单、双数组对模拟案例进行分析、讨论，单、双数组学生各选出 3 名代表，一人为观察员，两人分别扮演控方和辩方。

步骤二：由公诉人和辩护人参与法庭调查和法庭辩论，观察员进行观察，教师巡回观察各组情况。

步骤三：观察员汇报本组法庭调查和法庭辩论情况，其他人员可作补充。

步骤四：评估。

三、少年案件实训案例三

阿强（17 岁）系某中学在读学生。2018 年 6 月某日凌晨 1 时许，被害人阿伟（16 岁）、阿齐（化名）在某烧烤摊吃宵夜，与阿强的朋友阿亮（化名，20 岁）等人发生口角。阿亮先后纠集阿强等多人到现场，并在阿伟、阿齐经过某路口时对其进行了围殴。经鉴定，被害人阿伟构成轻伤一级，被害人阿齐构成轻微伤。

【实训项目】

1. 围绕本案犯罪事实开展法庭调查；2. 围绕本案阿强、阿亮具有哪些从重或从轻情节开展法庭辩论。

本案在开展法庭调查时，针对加害人、被害人均有未成年人的情况，应注重审查涉未成年人证据收集的"三性"问题。根据我国《刑法》第

17 条、第 29 条关于"刑事责任年龄""教唆犯及其处罚"的规定，围绕未成年人犯罪依法应当从轻或减轻处罚，教唆未成年人犯罪依法应当从重处罚的相关规定，就本案中阿强、阿亮所具有的从重或从轻处罚情节开展法庭辩论。本案系典型的冲动型犯罪，应针对本案中未成年人易因哥们义气冲动犯罪开展法庭教育。

【实训步骤】

步骤一：将学生分成单、双数组对模拟案例进行分析、讨论，单、双数组学生各选出 3 名代表，一人为观察员，两人分别扮演控方和辩方。

步骤二：由公诉人和辩护人参与法庭调查和法庭辩论，观察员进行观察，教师巡回观察各组情况。

步骤三：观察员汇报本组法庭调查和法庭辩论情况，其他人员可作补充。

步骤四：评估。

四、少年案件实训案例四

小丽（16 岁）的父母因有急事需出差 1 个月，于是交代小丽照顾年仅 3 个月大的弟弟，并给小丽留下 5 000 元生活费。小丽的父母离开后的第二天，小丽为弟弟冲泡了 3 大瓶奶粉，又购买了一大堆零食放在弟弟的床边。随后，小丽前往网吧打游戏，直到数日后才返回家中。小丽回家后发现弟弟已经死亡，冲泡好的奶粉和零食原封不动地放在床边。

【实训项目】

1. 围绕本案小丽是否构成犯罪，构成何种犯罪开展法庭调查和法庭辩论；2. 围绕本案小丽的父母是否构成犯罪，构成何种犯罪开展法庭调查和法庭辩论。

根据我国《刑法》第 233 条关于过失致人死亡的规定，就小丽的行为是否构成过失致人死亡罪开展法庭调查和法庭辩论。就小丽的父母将 3 个月的幼儿交给年仅 16 岁的未成年人照顾且一个月不闻不问，小丽的父母是否应当对该幼儿的死亡承担相应的刑事责任开展法庭调查和法庭辩论。

【实训步骤】

步骤一：将学生分成单、双数组对模拟案例进行分析、讨论，单、双数组学生各选出 3 名代表，一人为观察员，两人分别扮演控方和辩方。

步骤二：由公诉人和辩护人参与法庭调查和法庭辩论，观察员进行观察，教师巡回观察各组情况。

步骤三：观察员汇报本组法庭调查和法庭辩论情况，其他人员可作补充。

步骤四：评估。

第四节　刑事法庭调查与法庭辩论的评价

一、刑事法庭调查与法庭辩论评价

根据刑事法庭调查与法庭辩论的实训内容，评价主要包括以下四个方面：首先，自我评价，即学生对其在法庭调查和法庭辩论实训中的表现进行评价。其次，当事人评价，即当事人（学生）对学生作为律师和公诉人的法庭调查和法庭辩论表现进行评价。再次，观察员评价，即作为观察员的学生对刑事法庭调查与法庭辩论流程及能力进行评价。最后，教师评价，即教师对整个实训过程进行的综合性评价，具体评价刑事法庭调查与法庭辩论准备计划是否充足，举证、质证、辩论应变能力等。

【刑事法庭调查与法庭辩论的评价表】

	评价内容/得分	1	2	3	4	5	6	7	8	9	10	总分
学生评价	自我评价											
	当事人评价											
	观察员评价											
	教师评价											

二、刑事法庭调查与法庭辩论改进

（一）庭审前的预案准备

1. 询/讯问提纲是否准备？

2. 举证内容、顺序是否准备充分？

3. 己方的质证方向和内容是否已做准备？

4. 对方的质证方向和内容是否已做预判和应对？

5. 法庭辩论方向和内容是否已做预判和应对？

（二）庭审中的法庭调查与法庭辩论

1. 法庭询/讯问是否达到预期效果？如何改进？

2. 法庭质证是否紧紧围绕证据的"三性"展开？是否达到预期效果？若未达到，如何改进？

3. 对方的质证是否在预判之内？是否出现预判外的情况？应对是否满意？如何改进？

4. 法庭辩论效果如何？哪些问题需要改进？

后　记

　　言之至此，作为一种行之有方、施之有效的教育理念和模式，诊所法律教育（Clinical Legal Education）的发端、发展、兴盛，已然明了。初窥门径，诊所法律教育这一舶来品，但上下求索，其亦有中国特色的文化土壤之根基。从认知与实践的层面来讲，即是"学与习，知与行。学中习，行中知"。正如明代学者王廷相所言，"笃行实践，以守义理之中也"①，归结起来，就是"实践教育"，这与诊所法律教育异曲同工、殊途同归。

　　虽然规范化的诊所法律教育在 21 世纪初才正式引入国内，开启了探索诊所法律教育的中国模式之路。但探究关联与渊源，民国时期著名法学家丘汉平即已提出，法律教育目的在于训练立法及司法人才、培养法律教师、养成守法的精神及扶持法治。其认为，适当的法律人才，至少应具备五项条件："其一，要认识时代的精神与时代的倾向；其二，要了解法律的旨趣及现行法的文义；其三，须熟谙审判方法及应用心理学；其四，须知悉人情世故及社会的复杂组织；其五，须有道德的涵养并能舍弃小己。"② 这与当下诊所法律教育理念或有异曲同工之意。

　　诊所法律教育是法学教育改革的尝试，填补了法学理论学习与法律实务操作之间的空白。朱熹说："未知未能而求知求能之谓学，已知已能而行之不已之谓习。"③ 法学教育应有目的性，核心即实践；法学学习应有规划性，根本亦即实践。

　　本书的框架结构由主编张鸿巍教授反复斟酌后最终确定。本书由诸同仁分章撰写，并由张丽君副主编协助主编开展工作，最后由主编统稿、定

---

① （明）王廷相著，冒怀辛译注：《慎言·雅述全译》，巴蜀书社 2009 年版，第 273 页。
② 孙晓楼：《法律教育》，中国政法大学出版社 1997 年版，第 147 页。
③ 黎靖德编，王星贤点校：《朱子语类》，中华书局 1986 年版，第 447 页。

稿。具体分工如下：

张鸿巍（暨南大学少年及家事法研究中心教授、博士生导师、人文学院院长，美国 Sam Houston State University 刑事司法学博士，曾挂职广西南宁市人民检察院副检察长）：绪论

陈志杰（暨南大学少年及家事法研究中心副教授、硕士生导师，兼职律师，香港大学法学博士）：第一章；

文立彬（南宁师范大学副教授、硕士生导师，兼职律师，澳门科技大学法学博士）：第二章；

江勇（暨南大学少年及家事法研究中心讲师、硕士生导师，兼职律师，台湾中正大学犯罪学博士）：绪论、第三章；

张丽君（南宁师范大学讲师、硕士生导师，兼职律师，澳门科技大学法学博士）：第四章；

朱志强（广东凯行律师事务所律师、主任，暨南大学法律硕士）：第五章；

林在学：（北京德和衡（广州）律师事务所律师、高级合伙人，暨南大学法律硕士）：第六章；

赵鹏继：（北京市中银（珠海）律师事务所律师、合伙人，暨南大学法律硕士）：第七章；

郭瑞霞：（珠海市人民检察院员额检察官，澳门科技大学法学博士）：第八章；

李若嫣（暨南大学少年及家事法研究中心研究生）：全书校对。

从框架结构确立，至多次商榷、修正，前后历时两年之久，备感"山路难行日易斜"。衷心希望本书的出版可以为我国少年家事法律诊所教育带来一些思考。

囿于时间及水平所限，书中尚存诸多不尽如人意之处，敬请读者批评指正。

编者 谨致

2023 年 6 月于暨南大学珠海校区日月湖畔